经济学名著译丛

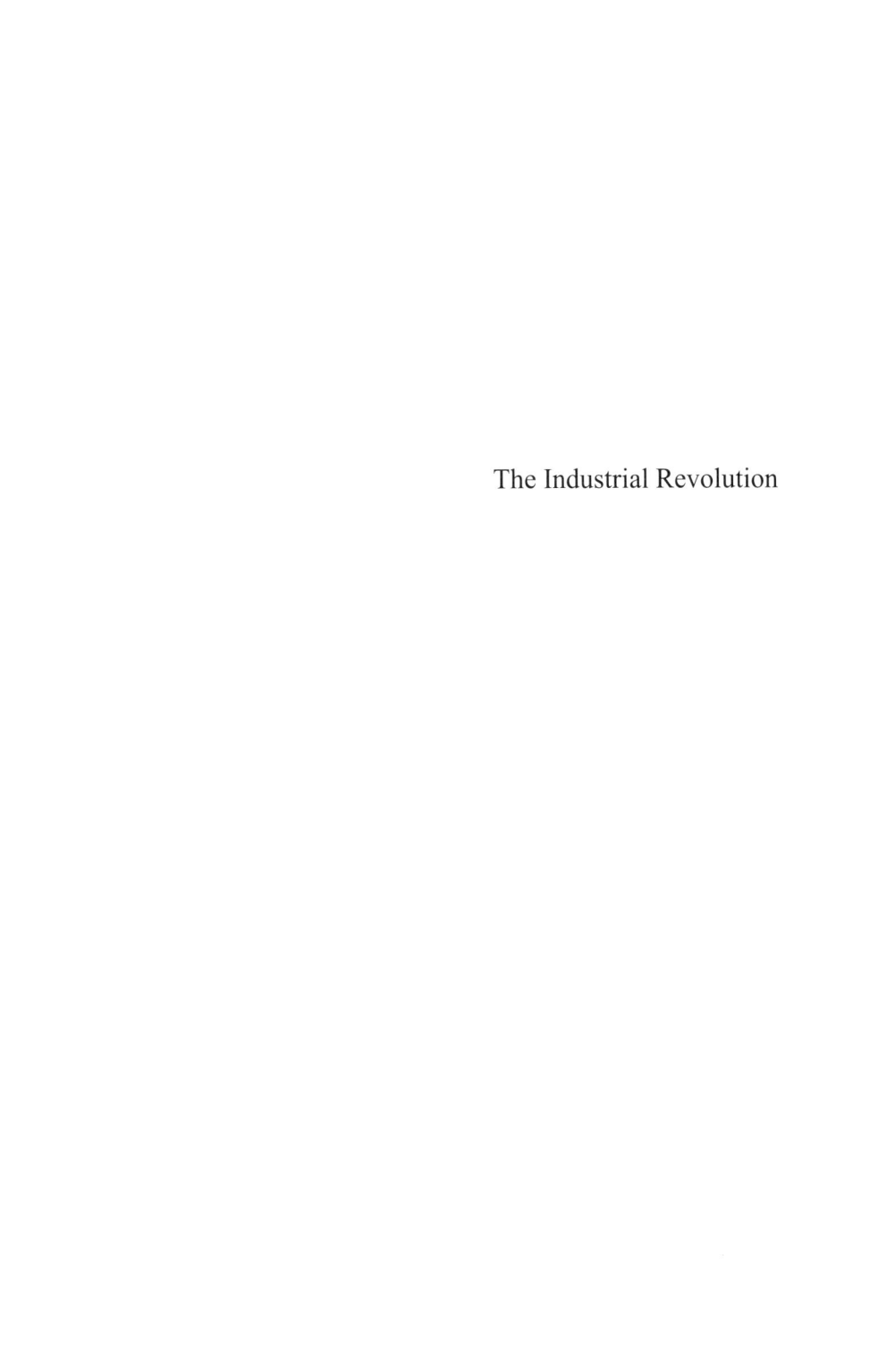

The Industrial Revolution

产业革命

〔英〕阿诺德·汤因比 著

宋晓东 译

The Industrial Revolution

2019年·北京

Arnold Toynbee
THE INDUSTRIAL REVOLUTION
根据 Beacon 出版社 1968 年版译出

目　录

为比肯出版社平装版的前言 …………………………… 1
第一章　导言 …………………………………………… 4
第二章　1760 年的英格兰：人口 ……………………… 10
第三章　1760 年的英格兰：农业 ……………………… 18
第四章　1760 年的英格兰：制造业和商业 …………… 28
第五章　1760 年的英格兰：约曼农的衰落 …………… 42
第六章　1760 年的英格兰：工薪阶层的状况 ………… 54
第七章　重商主义体制和亚当·斯密 ………………… 61
第八章　革命的主要特征 ……………………………… 77
第九章　贫困的增长 …………………………………… 88
第十章　马尔萨斯与人口法则 ………………………… 102
第十一章　工资基金理论 ……………………………… 114
第十二章　李嘉图与地租的增长 ……………………… 128
第十三章　关于经济进步的两种理论 ………………… 141
第十四章　工人阶级的未来 …………………………… 149

为比肯出版社平装版的前言

这本书的作者,年仅30岁就离开了人世。他甚至没有能够活着将这本小书亲手写出来。在他去世后,为了纪念他,他的朋友和学生利用1880—1881年间在牛津大学上他的课时所做的笔记,以及他自己关于这个题目所做的笔记写出了这本书。对于他们来说,这份劳动就是爱的表达,他们做得如此娴熟,以至于他们写的这本书完美地表现出了阿诺德·汤因比的个人品格。正是这种字里行间闪耀出的个人品格,使得这本书成为了那种为数不多的,既阐述了事实,又具有诗歌魅力的作品。它永远保持着新鲜的活力,因而也一直都不会缺乏读者。

虽然阿诺德·汤因比关于工业革命的记述没有变得"过时",但是,它的确是有点"旧"了。这本书之所以具有持久的魅力,是因为它是一本先驱之作。汤因比是第一位将工业革命作为一个单独的伟大历史事件去思考,并开始去描述的经济史学家,通过他的描述,所有的细节形成了一个整体,呈现为一幅可以为人们所理解的、意义重大的画卷。在这样做的过程中,他创立了一副框架,之后所有关于工业革命的研究都是在这个框架里进行的。在汤因比的这本书发表后的70年里,关于这方面的研究不论在数量上还是质量上都取得了很大进展。论据不断地被重复研究并修正。大量新的统计数据被收集和分析。从这种意义上讲,汤因比的作品早已被超越了。但是,作为历史研究里一个重要领域的开山之作,这位年轻人的作品现在依然像当年那样具有生命力。

如果说"工业革命"这本书的确是阿诺德·汤因比个人品格的写照,也许读者会好奇阿诺德·汤因比到底是怎样的一个人。虽然我是他的侄儿,但我却没有机会亲自见到他。我以他的名字命名,是因为在他1883年去世后,我碰巧是他的家族里第一个出生的男孩儿。然而,虽然我是间接地知道了他,但是我对他的了解并不亚于那些和他直接密切接触过的人们。他的遗孀,我的婶婶夏洛特·汤因比,比他多活了约50年,而他在牛津大学贝利奥尔学院的一些同事,则活到了第一次世界大战时期,在那里他是一名讲师(也就是学院管理团体中的一名教学成员)。在1907—1915年间,我也是这所学院的一员,先是作为一名大学生,然后像我的叔叔一样,成为了一名讲师。他的同辈人过去常常向我谈起他,设法告诉我他是怎样的一个人,能够在如此短暂的一生,如此年轻的时候,就做出了如此大的成就。他们都认为,很难将记忆中关于他的印象形之于语言,但是在我的心中,他们的话语已经使他的形象相当清晰了。我看到的这种形象就是:简单、真诚、无私和热情。这些品质结合起来形成的,就是一种不会使人误解的伟大特征。

阿诺德·汤因比仅仅依靠他取得的成就就可以成名了。出版的这本书,为纪念已故去的他而设立的汤因比礼堂基金,对于一个在30岁就去世的人来说是极高的成就了。但是在我看来,很清楚的是,他那些活着的同辈人之所以如此尊敬和爱戴他,更主要的是因为他的人格,而不仅仅是他的成就。

为比肯出版社平装版的前言

死亡突然和出人预料地降临到了汤因比的身上。他是在以一种林肯-道格拉斯的方式,和亨利·乔治(一位提倡单一土地税的美国人)的辩论中,突然被一种神秘的疾病带走的,现在这种疾病被诊断为"脑热病"。自那时起,医药已经取得了很大的进步;而今天,人们已经可以推测他的性命是否可以得救。如果他能活到66岁,什么样的成就他不能取得呢?这个念头多年来一直盘绕在我的心头,因为当我写这篇前言时已经67岁了。阿诺德·汤因比在他30岁时已经那么的有名了,而我如果在他这个年龄就死了的话,将会是多么的籍籍无名。如果他能够再活36年,还有什么他不能做到的?我经常好奇这个事情。但是我确信,就像是一位早早夭折的天才诗人,阿诺德·汤因比,从某种意义上,生存时间的长短对他来说已经不再重要。他之所以伟大,是因为他的自身特征,他在自己短短生命里所表现出来的气概和人格。当你聆听他的同辈人谈论他时,你就会认识到这一点。

阿诺德·J.汤因比

第一章 导言

讲座的主题是18世纪末和19世纪初的工业革命和农业革命。讲座分为三部分。第一部分论述的是亚当·斯密和他那个时代的英格兰。它将描述工业革命前夜的英格兰以及1760年时工业的保护和管理体制。它还将谈到亚当·斯密著作的概要、目的和特点,特别是他的自由贸易理论。第二部分主要论述马尔萨斯的著作,他所论述的更多是贫困的原因,而非财富的原因,更多是财富的分配,而非它的增长。它将描述处于工业革命中期的英格兰,探讨贫困的原因以及与之相关的其他题目。第三部分主要与李嘉图相关,探讨处于和平时期的英格兰。这一部分还将讨论地租和工资学说,以及其他一些关于经济发展的理论,它还将探讨关于通货的问题,这些问题在当时搅动了整个社会,还有和平恢复后商业和金融发展变化的历史。①

我选择这个主题,是因为在这一时期,现代政治经济学开始兴

---

① 就如读者注意到的那样,汤因比勾勒出的计划实现得极不完善,特别是文中以斜体字打印的那部分计划,几乎完全没有谈到。这部分是由于汤因比自己也发现,他起初设想的题目过于庞大,难以在一个课程讲座中阐释清楚,二则是由于,即使是他的听众做得最好的笔记也不完全,特别是那些比较困难和复杂的问题,尤其是他讨论的纯粹金融和货币方面的题目。——编者

起。在英格兰,这门科学的研究一直存在一个缺点,那就是它太脱离历史。的确,亚当·斯密和马尔萨斯(在科学研究中)都有历史意识。但是,现代教科书的体裁是李嘉图式的,而李嘉图的思维方式完全是非历史的。不过,将这两种研究方法结合起来,就会取得双倍的好处。首先,用这种方法,政治经济学会更加易于理解。作者提出的抽象命题,当与他那个时代的事实联系起来时,就可以从一个新的角度来研究了。这样的视角,会使这些命题立刻更加生动,同时也不易被误导。只有当我们读了他那个时代的历史,我们才能真正对李嘉图有所了解。其次,也只有与政治经济学联系起来后,历史才更容易被理解。因为后者不仅教会我们在研究历史时如何找出正确的事实,还使我们能够解释许多现象,例如:圈地和机器的使用,不同货币制度的作用,如无政治经济学的帮助,这些都难以理解。小心的演绎推理,这种政治经济学教授的方法,对历史学家来说同样非常重要。而且,由此形成的习惯,对于寻找事实的学生来说,甚至比简单地获得知识本身更加重要,因为如果没有这种方法,他们很可能会被大量的资料所压倒。

然而,近些年来,政治经济学里由李嘉图和穆勒所使用的抽象演绎法一直受到持续的攻击,并试图以历史研究法取而代之,作为经济学研究的唯一正确方法。这种攻击是由于对演绎法功能的误解。抽象政治经济学的地位,可以在白芝浩的《经济学研究》里得到最好的解释。白芝浩指出,这种抽象科学只有以某些假定为前提才是有效的,虽然这些假定常常并不是完全正确,但结果仍然近乎真实。所以,经济学家首先只关注人性的一个方面,将他简单地看作是一个经济动物;其次,他们只考虑到了竞争,而忽视了习俗的影响。根据这样的假定，一些法则建立起来了。例如，工资率总是趋向于均等的，各种职业间工资始终是不一样的，只是因为它平衡了各种职业间有利或不利的工作环境——这一法则，只有当文明到了一定的阶段，当财富的获取成为了人们的唯一目的时，才是真实的。这种假说性的法则，虽然只能得出一个大致的结论，但在观察和指明一种强有力的趋势时，仍然能够给出我们一个观点。因此，历史方法的提倡者，例如克里夫·莱斯利先生，当他们斥责演绎方法为完全错误的时候，是有些过分了。两者之间并没有根本的冲突。这种表面上的冲突是由于对演绎法的错误使用；是由于对做出结论的前提不仅没有进行验证，甚至这些前提根本就是错误的(工资基金理论)；而且普遍没有将归纳法和演绎法结合起来。但是这种方法的误用并不意味着这种方法存在着根本的错误。处理某个具体问题的正确方法，很大程度上必须由该问题的性质来决定。许多人混淆了抽象政治经济学的基本法则和据此在实际中的应用规则，从而委罪于抽象政治经济学本身，这是不公平的。抽象的政治经济学是纯粹的科学，它的目的是知识。但是出版物和论坛上的政治经济学是一种应用科学，即一些指导行动的规则和行为准则。记者们和议员们往往将纯粹的科学法则和应用科学的行为准则混为一谈。就是因为如此，格拉斯顿先生在讨论1881年的土地法案时备受责难，说他违反了政治经济学的法则。格拉斯顿先生是不会做这样的事情的。政治经济学的法则像物理科学的一样，是不会被违反的。记者们的意思是，他背离了一项伟大的经济学准则——契约自由。

历史方法追求的是一种不同的研究方法。它分析经济发展中

第一章　导言

的各种实际原因,考量到各种制度,例如中世纪的行会、我们现在的土地法、某一给定国家的政治体制,这些因素在财富分配中的影响。没有历史方法的帮助,我们就不可能明白,为什么联合王国一半的土地掌握在 2512 个人的手中。①

而且,历史方法不仅研究某一给定国家经济发展的不同阶段,还将其与其他国家及其他时代相比较,试图通过这种比较,发现可以普遍适用的法则。试举一例,根据比较政治经济学的发现,梅因先生和拉威利耶先生认为土地所有权的发展趋势是由集体所有制向个人所有制发展。这一法则几乎在所有文明国家都是正确的。但是我们必须小心,不要太匆忙做出概括。最近在都柏林出版了一本很用心的小册子,它引用了梅因先生的另一归纳结果——被称之为"梅因法则"——以此来谴责最近的立法。作者说:"梅因先生在他的《古代法》一书中指出,迄今为止,所有进步社会的运动都是从身份到契约的运动。这次骚动所要求的是,应该通过立法公开宣布,爱尔兰是一个倒退的社会,它的社会运动是从契约倒退回身份。"②其他人问道:"改革我们的法律,使之与那些落后国家的法律相一致,这样做有什么好处么?"③对现在英格兰文明的深入研究,以及对过去和现在其他文明的深入研究将表明,人类社会的发展不是倒退的——契约的范围,既在不断扩大,又在不断缩小,

---

①　拥有 3000 英亩以上地产,并且产生至少 3000 英镑地租的所有者,有 2512 人;他们在英格兰和威尔士拥有 34 344 226 英亩中的 14 287 373 英亩;苏格兰,18 986 694 英亩中的 14 118 164 英亩;爱尔兰,20 316 129 英亩中的 9 120 689 英亩。——Bateman 所著 *Great Landowners*。

②　*Confiscation or Contract?* (Dublin,1880),p.23.

③　Richey,*The Irish Land-Laws*,p.108.

我们现在在爱尔兰看到的情形,在任何其他地方,如果不是伴随着深刻的社会苦难、暴行和骚乱,是绝不会存在的。习俗,或者法律,或者公共舆论,或者三者一起,在过去进行了干预,在将来也将会干预。诚然,有一个从身份向契约的发展,但是我们如果仔细观察,就会发现,这个发展所导致的个人权力,越来越频繁地受到了国家的干预。真正的发展过程是,首先从身份到契约,然后再从契约到由法律所确定的新的身份;或者换句话说,从不受约束的契约到受到了约束的契约。

历史方法还具有一种价值,它可以使我们明白,经济学的这些法则和准则在什么地方是相对的。① 在老的经济学家口中,这些法则和准则好像都是放之四海而皆准的。例如,毫无疑问,自由贸易对英格兰和所有处于一定发展阶段的国家来说都是一项正确的政策。但是,任何人都知道,自由贸易只有在一定条件下才是有益的。的确,英国的经济学家没有人敢这样说。例如,杰文斯先生也承认,只有在极端重要的情况下,才可以考虑对自由贸易施加限制。② 但是,认为这种政策无论何时何地都是正确的,肯定是不合道理的预断。然而,我并不想否认,普世法则确实存在,例如报酬递减法则。

这种关于方法的讨论看上去很无聊,但事实并非如此。以国

---

① 孔德是最早认识到这一真理的人之一,而且正是从他那里,穆勒懂得了"关于社会的演绎科学,不是制定一项放之四海而皆准的定理,而是教给我们如何为特定环境下的特定事件建构一项合适的定理。它给予我们的不是普遍适用的社会法则,而是一种方法,从而使我们可以根据特定社会的具体因素和数据,来判断所发生的现象。"——*System of Logic*, bk. vi. C. 9, §2.

② 例如,为了制止我国煤炭供应的枯竭。——*The Coal Question*, pp. 247 – 354.

家的职能为例,西尼尔先生曾花费了大量的时间,试图发现一个普遍适用的方案,以此来定义世界各国国家职能的界限。一定要放弃这样的尝试。政府干预的适当界限是相对的,应视各国的具体情况和其文明的发展阶段而定。现在对我们来说,确定在我们自己的事务中这种界限的所在,是非常重要的。因为在将来,政府的管理职能越来越引起我们的关注。当我们研究过去的时候,[①]我们应当时刻惦记着当前的问题,并且通过回溯过去,来探寻那些对人类具有终极意义的答案。一直有抱怨说,历史著作遗漏掉了那些和民众相关的至关重要的问题。法国革命的确深刻地改变了我们关于历史的认识,但是在这一方面,仍然有许多东西等着我们去做。如果我能够说服在座的一些人去研究经济史,沿着马尔萨斯开辟的道路去研究大众的历史,我会非常高兴。一些分属不同党派的历史学家为了党派的目的去研究历史,他们试图将现在的争论与过去的历史拉扯在一起。你必须在研究历史时实事求是,同时又时刻意识到自己所处时代面临的各种问题。这不是颠倒的原则,而是选择的原则。诸位必须遵循某些选择的原则,而若想做到这些,就必须对那些扰动着当今世界的社会问题的历史予以特别的关注,因为你可以确定,这些问题不是暂时的,而是具有持久的重要性的。

---

① 参加汤因比讲座的听众主要由那些研究历史学的人组成。

第二章 1760年的英格兰：人口

1760年以前，旧的产业制度依然在英格兰盛行。既没有引进什么重大的机械发明，农业上也尚未出现变化。我们就是将这时英格兰的产业制度与当今的产业制度进行比较。我们没有准确的资料来确定当时的人口数。在1801年以前没有官方的统计表。1753年曾有人提议进行人口普查，但被拒绝了，理由是"这会破坏英格兰人民最后残余的自由"。① 由于没有可信的数据，因此出现了各种不着边际的估计。美国独立战争期间，在这个问题上出现了很大的争论。普莱斯博士，一位偿债基金的提倡者，认为在1690—1777年间，人口从6 596 075人减少到了4 763 670人。② 另一方面，埃塞克斯郡邓莫的一位牧师休利特先生，估计在1780

---

① 来自约克市的议员，桑顿先生，说道："我无法相信会有如此肆无忌惮、狂妄无知的人，即使只是人类中的个别人，竟然敢于提出我们刚才所听到的这一提案……我认为这一提案，对于我们英国人最后残存的自由完全是颠覆性的……这一新法案导向的，是征收新的税收，如果再多说几句话的话，它就是对受到伤害的人民进行掠夺和压迫的最有效的工具……而且，每年对我国人民进行登记，将会使我们海外的敌人熟悉我们的弱点。"——Vide Praface to Preliminary Census Returns, 1881, p.1. 该法案在下院以较大的多数被通过，但在上院二读时被否决。

② *An Essay on the Population of England from the Revolution to the Present Time*, by Richard Price, D.D., F.R.S. (London, 1780).

第二章 1760年的英格兰：人口

年的人口是8 691 000人,①阿瑟·扬,估计在1770年的人口至少是8 500 000人。② 这些估计都有些极端。现在人们普遍接受的计算结果是由芬利森先生做出来的,这个计算结果发表在1831年人口统计表的前言里。这些结果是通过检查18世纪洗礼和埋葬的登记簿做出的。但这些数据在三个方面存在缺点：首先,计算开始的时候,当时的实际人口数只是一种猜测；其次,在一些教区就没有登记簿；第三,因为当时的登记是自愿的,所以并不完整。③ 但是,芬利森先生声称,他的材料经受了"现在相对而言先进的自然科学和统计学的各种检验"。④

根据芬利森先生的计算,在1700年,英格兰和威尔士的人口是5 134 516人,1750年是6 039 684人,增加了不到100万,或者说在18世纪前半叶,增加了17%—18%。⑤ 在1801年,英格兰和威尔士的人口是9 187 176人,增加了300万,或者说在18世纪后半叶,人口增加超过了52%。⑥ 这两个时期增长率差异的鲜明对照具有重大意义。在前期,虽然英格兰由于拓展了她的贸易关系,

---

① *An Examination of Dr. Price's Essay on the Population of England and Wales*, by Rev. John Hoelett(1781). See M'Culloch's *Literature of Political Economy*, p.258.

② *Northern Tour*, iv.419(2nd edition, 1771).

③ Porter's *Progress of the Nation*, p.5(2nd edition, 1847).

④ 同上书,第13页。

⑤ Rickman先生(*Introductory Remarks to Census Returns of 1841*, pp.36,37)和Marshall先生(*Geographical and Statistic Display*, 1833, p.22)所做的估算略有不同,前者认为1700年的人口是6 045 008,在1750年人口是6 517 035,增加了将近8%；后者认为两个时期的人口分别是5 475 000和6 467 000,增加了18.1%。Gregory King在1696年根据"对结婚、出生和下葬的估算",认为当时的人口为5 500 000。

⑥ Rickman先生认为增加率是41%,Marshall先生认为是42%。

财富增加很快,但仍保持着她过去的产业结构;后期是向现代产业制度转变的时期,这一时期的农业技术也得到了改良。

需要考查的下一点是人口的分布。我们将会发现,在 18 世纪初,或者说亚当·斯密的那个时代,人口的分布与现在存在着巨大的差异。麦考莱在他历史著作的开始部分,对北部各郡的荒凉状况曾有过很著名的描写,这段描写广为人知。他描绘的图景取之于笛福,笛福在他的《全岛游记》一书中曾指出:"特伦特河以南的国土最辽阔、最富裕,人口也最稠密。"虽然在北部也有可以与之相提并论的大城市。[①] 如果我们以诺森伯兰、达勒姆、约克、坎伯兰、威斯特摩兰、兰开夏、柴郡、德比郡、诺丁汉、斯塔福德为北方各郡(约占英格兰总面积的三分之一),通过调查我们会发现,在 1700 年,它们占了总人口数的四分之一,[②]1750 年不到三分之一,[③]1881 年则超过五分之二。[④] 或者,我们只以六个北方郡为例,我们发现,在 1700 年它们的人口不到英格兰总人口的五分之一,1750 年约等于五分之一,1881 年几乎占到了三分之一。[⑤]

在 1700 年,人口最稠密的郡(不包括米德塞克斯和萨里的都市郡)是格罗斯特郡、萨默塞特、威尔特,西部的制造业地区;伍斯特郡和北安普敦郡,中部制造业地区;以及像赫特福德和巴克斯这

[①] iii.57(7th edition,1769)。

[②] 5 108 500 人中的 1 285 300 人。

[③] 6 017 700 人中的 1 740 000 人。这是 Marshall 的估计;与 Mr. Finlaison 的估计略有不同。

[④] 24 608 391 人中的 10 438 705 人。

[⑤] 在 1700 年,5 101 500 人中的 902 100 人;在 1750 年,6 017 700 人中的 1 261 500人;在 1881 年,24 608 391 人中的 7 906 760 人。

样的农业郡——所有这些地方都在特伦特河以南。在 1700—1750 年间,以下各郡人口增长最多:

兰开夏	从	166 200	到	297 400	78%
沃里克	从	96 000	到	140 000	45%
约克郡西区	从	236 700	到	361 500	52%
达勒姆	从	95 000	到	135 000	41%
斯塔福德	从	117 200	到	160 000	36%
格罗斯特	从	155 200	到	207 800	34%

康沃尔、肯特、伯克郡、赫特福德、伍斯特、萨洛普、柴郡、诺森伯兰、坎伯兰、威斯特摩兰的人口分别增加了 20%。[①]

在 18 世纪初和亚当·斯密的时代之间,以及他的那个时代和我们现代之间人口分布的变化,可以进一步由下表说明。12 个人口最稠密的郡和它们每平方英里的密度:

1700		1750		1881	
米德塞克斯	2221	米德塞克斯	2283	米德塞克斯	10 387
萨里	207	萨里	276	萨里	1919
格罗斯特	123	沃里克	159	兰开夏	1813
北安普敦	121	格罗斯特	157	达勒姆	891
萨默塞特	119	兰开夏	156	斯塔福德	862
伍斯特	119	伍斯特	148	沃里克	825
赫特福德	115	赫特福德	141	约克西区	815
威尔特	113	斯塔福德	140	肯特	600

---

① J. Mashall, *A Geographical and Statistical Display*, etc. (1883), p. 12;同时在他的 *Analysis of Returns made to Parliament*, 1885 中结尾处印制。

续表

1700		1750		1881	
巴克斯	110	达勒姆	138	柴郡	582
拉特兰	110	萨默塞特	137	伍斯特	515
沃里克	109	约克西区	135	诺丁汉	475
牛津	107	伯克	131	格罗斯特	455

在1700年到1750年间,最引人深思的事实就是兰开夏和约克西区人口的巨大增加,它们是棉纺业和粗毛制造业的所在地。陶器和五金制造业的所在地斯塔福德郡和沃里克郡,人口也有大量增加。北部的两个郡,煤矿业的所在地达勒姆和诺森伯兰,也是如此。反之,英格兰西部的毛纺织地区萨默塞特和威尔特,人口虽然也增加了,但没有那么大。东部的诺福克郡、萨福克郡和埃塞克斯郡,人口增加很少;虽然诺里奇仍是一个较大的制造业城镇,在诺福克郡和萨福克郡仍分散着许多从事毛纺业的小镇。这一时期,肯特是少数人口有显著增加的农业郡,它也是当时英格兰最好的农业郡。

如果我们转向主要的城镇就会发现,它们中的大多数在17世纪末到亚当·斯密的时代之间,人口数量突飞猛进地增长。当诺里奇的人口,根据最权威的数据,只增加了大约三分之一,伍斯特的只增加了一半的时候,谢菲尔德的人口增加了七倍,利物浦的增加了十倍,曼彻斯特的增加了五倍,伯明翰的七倍,布里斯托尔的三倍多。后者现在成为王国内的第二大城市。纽卡斯尔(包括盖茨黑德和南北谢尔德)有40 000人口。

第二章 1760年的英格兰:人口

以下是12个大城镇分别在1685、1760、1881年的人口估计:

	1685	1760	1881g
利物浦	4000a	40 000c 30 000—35 000d 34 000e	552 425
曼彻斯特	6000a	30 000c 40 000—45 000d	393 676
伯明翰	4000a	28 000b 30 000d	400 757
利兹	7000a	—	309 126
谢菲尔德	4000a	30 000c 20 000d	284 410
布里斯托尔	29 000a	100 000d	206 503
诺丁汉	8000a	17 000f	111 631
诺里奇	28 000a	40 000c 60 000d	87 843
赫尔	—	20 000c 24 000d	161 519
约克	10 000a	—	59 596
埃克赛特	10 000a	—	47 098
伍斯特	8000a	11 000—12 000e	40 421

注:(a) Macaulay's *History of England*, c.3.
   (b) Defoe's *Tour*(1725).

(c) Arthur Young(1769).

(d) Macpherson's *Annals of Commerce*(1760).

(e) Levi's *History of British Commerce*.

(f) Eden's *State of the Poor*(1797).

(g) 1881 年议会选区的人口统计数据。

另外需要考虑到的一点是农村人口和城市人口的关系。根据格里高利·金在 1696 年所写,伦敦有 530 000 人,其他的城市和商贸市镇有 870 000 人,而农村中大小村落的人口有 4 100 000。[1] 70 年后,阿瑟·扬估算伦敦的人口占总人口数的六分之一,[2]他评论说:"在英国这样兴旺的国家里,一半的人都生活在城镇里。"[3] 他们二者的估算都非常不可靠,他们对总人口,特别是阿瑟·扬,估计过高,但是两者的对比,正确地显示了甚至在那时,城镇人口的增长势头就已经超过了农村地区。从阿瑟·扬的时代以后,这种发展的不均衡变得更加明显。在 1881 年,城市总人口为 17 285 026,占比 66.6%,农村人口为 8 683 026,占比 33.3%。[4]

我所知道的唯一关于职业的估算,也是来自于 1696 年格里高利·金的,和 1769 年阿瑟·扬的。他们都太笼统,彼此也不一致,所以缺乏可靠性,但我认为他们还都是有着自身价值的。根据前

---

[1] *Natural and Political Observations upon the State and Condition of England*, by Gregory King, Lancashire Herald, 1696(printed in Chalmers's *Estimate*, 1804). p.36.

[2] *Southern Tour*, p.326(2nd edition, 1769).

[3] *Travels in France* (2nd edition), i.480. 他将之与法国进行对比,在那里"只有不到四分之一的人住在城镇里"。不过,他的估计很可能夸大了。

[4] Census Returns. 见 Preliminary Report, p.vii.

者,自由土地持有者和他们的家庭,人数在 940 000,农夫和他们的家庭 750 000 人,工人和户外仆役 1 275 000 人,茅舍农和贫民 1 300 000 人,合计农业人口 4 265 000,与此相对照,只有 240 000 工匠和手工业者。① 阿瑟·扬估算的各阶层的人数如下:

农夫(不管是自由土地持有者还是租赁土地者),他们的仆役和工人	2 800 000
各种制造业者	3 000 000
地主和他们的侍从,渔夫和矿工	800 000
从事商业者	700 000
无业贫民	500 000
教士和律师	200 000
公务人员,陆军和海军	500 000
合计	8 500 000②

但是,上述制造业者的数字在总人口中所占比例可能过高了,就像总人口的数字超过了实际的人口数字一样。

---

① Eden's *State of the Poor*, i.228, and Chalmers's *Estimate* (1804), p.203.
② *Northern Tour*, iv.417-419; cf. also 364.

第三章 1760年的英格兰:农业

在讲述这一时期的农业时,第一个重点就是要知道这时已开垦耕地和荒地之间的比例。格里高利·金对英格兰和威尔士的总面积就有点估计过高,他认为可耕地有11 000 000英亩,牧场和草场有10 000 000英亩,房屋、花园、果园等,1 000 000英亩,开垦的土地总计22 000 000英亩,约占国土总面积的五分之三。[①] 一位1727年的土地经理人相信一半的国土都是荒地。[②] 50年后,阿瑟·扬在他的著作中,认为开垦地的数字很高。他认为仅仅英格兰的总面积就有34 000 000英亩,其中的32 000 000英亩是耕地和草场,二者比例相同(即各占50%)。[③]

毫无疑问,头两种估算都比最后的估算更接近于事实。但是到底有多准确,依然难以确定。

今天英格兰的农业和那个时候英格兰的农业相比,最大的不同就是共有地的极大减少。对共有地的圈围,虽然在1760年以前

---

① p.52(ed. Chalmers,1804).
② Edward Laurence, *Duty of a Steward to his Lord*, London,1727.
③ *Northern Tour*, iv.340 - 341. 同见 *Eastern Tour*, iv.455 - 456, 其估计略有不同。

已经进行了几个世纪了,但与其后圈地的急速进行是无法相比的。在1710年到1760年间,有334 974英亩土地被圈围,而在1760年到1843年间则有将近7 000 000英亩被圈围。① 在后者的开始阶段,这些土地的大部分虽然被圈围起来了,但实行的仍然是原始的共有地耕作方式。在相当广泛的地区内,盛行的依然是中世纪的农业制度。虽然一些教区没有自己的共有地或荒地,但是在有共有地耕作的地方,使用的仍然是相同的耕作方法。每个村庄的耕地都被分为三大条,每大条耕地再被三码宽的田埂加以细分。② 每个农夫都至少拥有其中的一块地,并且所有的人都必须遵循习惯的耕作方式。每年三块条田中的一个留作休耕,其他的两个种植小麦和大麦,有时种植燕麦、豌豆或者野豌豆以代替大麦。草场也是共有的。一直到收干草的时候,每个人都有自己的一小块地,但是,每个人所占有的耕地是很少换手的,而在草场中,每个人所占的一份则每年都要通过抽签来决定。收割干草以后,草场上的篱笆就被推倒,所有的住户都有在上面放牧的权利。同样,收割后耕地里留下的茎秆也被用于放牧,但是在这里这种权利很少是对所有人开放的。不过,所有的农夫都有在荒地上放牧的权利。

虽然这些共有地拥有着王国里最优良的土地,但是它们展现的却是最糟糕的耕作。"没有什么庄稼比共有地里的春季作物更

---

① Shaw Lefevre,*Essays on English and Irish Land Question*,p.199.
② Maine's *Village Communities*,p.89.

糟糕的了,完全不值一提。"①阿瑟·扬曾这样说道。这种耕作不良的原因有三个:(1)农作物的种植顺序必须是一样的。没有实行适当的轮作,只能改变不同白麦秆作物的种植比例。没有芜菁或者人工种植的牧草,因此也无法进行大规模的养羊业。那时的羊个头都小得可怜,整只羊只有 28 磅重,一只羊一次剪得的羊毛只有 3.5 磅,而圈围地上的羊一次剪得的羊毛则重达 9 磅。②(2)大量的时间被工人和牲口浪费在"从教区的一头到另一头,许多分散耕地的旅行上"。③ (3)草场和收割后地里的放牧权以及边界纠纷,引发了农夫间不间断的争吵,在一些耕地里由于没有田埂将各

---

① A. Young, *Southern Tour*(3rd ed., 1772), p.384. 同见 *Northern Tour*, i.160-162, 在这里, 他将 Risby 及其附近的敞田和圈围地的产量做了如下比较:

	敞田(蒲式耳每英亩)	圈围地
小麦	17.18	26
大麦	36	40
燕麦	32	44
豆子	28	32

同见 *View of the Agriculture of Oxfordshire*, by A. Young(1809), p.100; Clifford's *Agricultural Lockout in* 1874, p.121 n.; and Laurence's *Duty of a Steward*, pp. 37-38, 后者给出了一份圈地协议的如下序言:

"鉴于长期的经验表明,共有地或者敞田,不管是在哪里,都是对公共利益的极大障碍,也阻碍了那些希望依靠自己的勤奋和付出对之进行改良的人;……亦鉴于通常开放荒地和共有地所造成的种种不便和弊端——大大阻碍了自由持有农的勤奋和精心的耕作;谷物容易被由共有地和附近公路上跑进来的牲畜践踏损害;佃农,或者业主,如果想保证自己劳动果实的安全,就必须及时地播种和收割,否则,就会面临着损失和不便,而这些都是由于那些懒汉不及时进行播种造成的,他们的谷一直到初冬都无法收割,以致因为霜冻遭受损失,也妨碍了整个教区的人们在共有地上进行放牧。就是因为这些原因",等等,等等。

② A. Young, *Northern Tour*, iv.90.
③ *View of the Agriculture of Oxfordshire*, p.100.

第三章 1760年的英格兰:农业

自的份地区分开,一些人就故意在晚上犁地,从而能从他们的邻人那里偷取一个犁沟的土地。①

由于这些原因,圈地和改良农业之间的关系就很密切了。早期的圈地,在莫顿法令(1235年)和威斯敏斯特法令(1285年)的允许下,是庄园的领主们从圈围荒地开始的。但是在这个时候,领主要首先证明,其有足够的牧场留给共有地的所有者们,而且,如果共有的权利是独立于土地所有权而存在的,就不允许圈围。这种早期的圈地持续地进行着,但是在15世纪末,首先引起注意的是一种不同类型的圈地。这种圈地经常发生在已经耕作的土地上,而且,如果纳斯是正确的,这种圈地的形式不仅有从耕地永久地转变为了牧场,还有另外一种形式,即先暂时由耕地转变为牧场,然后再由牧场重新转变为耕地。其结果就是产量的大幅度增加。那些已经将其份地与邻人分开,合并到一起了的领主,可以在自己的耕地上采用任何对自己有利的耕作方法。他们采用了前面提到的交替和可改变的耕作方法。牲口的肥料使耕地肥沃,"这些在犁过和施过肥的土地上长起来的草,比那些从来没改变过的牧场上的草要强壮得多,品质也好得多。"②在旧的耕作方法下,肥料分散在牧场各处,但是在圈围的土地上,肥料被用来提高已经犁好的地的质量。16世纪大规模的圈地发生在萨福克、埃塞克斯、肯特、北安普敦,它们也因此成为了当时最富裕的郡。③ 圈地也经常发生在牛津、伯克、沃里克、贝德福德、巴克斯、莱斯特这些地方,产生的也

---

① *View of the Agriculture of Oxfordshire*, p.239.
② Nasse's *Agricultural Community of the Middle Ages*, p.85.
③ Cf. Tusser, William Stafford, and Holinshed, quoted by Nasse.

是同样的结果。在阿瑟·扬的时代,诺福克、萨福克、埃塞克斯和肯特是英格兰耕作最好的地方。

概览 1760 年农业的状况,我们发现改良只限于国内的一些地方。第一个圈地法案(1710 年)是为汉普郡的一个教区的圈地立法。我曾经看过乔治一世统治时期这类法案中的 12 个,发现这些法案应用于德比郡、兰开夏郡、约克郡、斯塔福德郡、萨默塞特郡、格罗斯特郡、威尔特郡、沃里克郡和诺福克郡的一些教区。① 虽然圈地像这样分布得很广泛,一些郡却继续比其他的郡保持着更高的声誉,而且一些改良只限于在一个或两个教区里,没有普及到更广泛的区域。耕作最好的郡是那些早就已经圈地了的郡。在 1581 年,威廉·斯塔福德称肯特郡的大部分土地就已经被圈围起来了,阿瑟·扬则称肯特"早就被视作英格兰耕作最好的地方"。他说:"那些对肯特和塞尼特东部比较陌生的人,当他们看到这么多普通的农夫在耕作时更多的是条播而非撒播,看到他们对条播犁和马锄的使用如此熟练时,一定会大吃一惊。条播栽培在这里实行得如此彻底是这个地方的一大特色,……啤酒花种植得也非常好。"②在另外一段,他又说,肯特和哈特福德"有着精耕细作的名声"。③ 罗金厄姆侯爵曾找了一个哈特福德郡的农夫,教他在约克西区的佃农如何种植芜菁。④ 这个地区和约克东区的农业都

---

① 其中七个是关于共有地和荒地的圈围的,五个只是关于荒地的圈围。
② *Eastern Tour*, iii.108 – 109.
③ *Northern Tour*, i.292.
④ 同上,283。他采取的其他新方法是改进排水,填平牧场土地,而不是填平沟垄,改进机械和肥料。他有高达 2000 英亩的土地,以之用于实验,但是,他发现,想引导那些"善良的普通农民"模仿他的耕作方法非常困难。

第三章 1760年的英格兰：农业

十分落后。作物的种植顺序和耕地的管理都有很多缺点,种植芜菁的农夫很少,即使是这些种植的人工作起来也很懒散,因此不管是庄稼还是耕地都几乎毫无改良,豆类根本就没有种过。① 诺森伯兰的农业比达勒姆和约克的要好得多。种植了芜菁,粪肥管理得很好,土豆种植的面积也很大。② 伊丽莎白朝代的塔瑟尔曾以埃塞克斯为例,来说明圈地的好处,③在1807年阿瑟·扬也说埃塞克斯"是一个已经圈围过土地很多年的地方",早在1694年就有人谈到埃塞克斯,说那里"一些人将他们种植过芜菁的休闲地,在冬季用来养羊"。④ ——这是芜菁作为农业作物第一次被提到。

不过18世纪头50年最大的进步发生在诺福克。大家都听说过唐森的事情,他在和沃尔波尔吵过架后,曾在雷纳姆种芜菁。阿瑟·扬认为1700年到1760年间是一个停滞时期,原因是低物价("除非物价倾向于升高而非长期保持不变,这样才能激励农夫们进行改良,否则,希望农业上的改良绝对是徒劳的"),他在1812年的著作中承认,在这一时期,发生在诺福克的农业改良是一个例外。在他的《东部游记》里他谈到,农业"已经使这个郡在农业界非常闻名",⑤并给出了这种进步的七个原因。它们是:(1)没有议会帮助下的圈地。通过委员们和代理人们的欺诈行为而进行的议会

---

① *Northern Tour*, i. 215–221.
② *Northern Tour*, iii. 91.
③ "所有这些都是圈地造成的,经验告诉我们的就是这些;我并不夸大其词,想说的只是真相。如果你们怀疑,就请看萨福克和埃塞克斯的例子。"
④ See Houghton's *Collection in Husbandry and Trade*, quoted in *Ency. Brit.* sub "Agriculture".
⑤ *Eastern Tour*, ii. 150.

圈地,代价高昂。"在当时,那些下面是最肥沃的泥灰土、上面是最好的肥土的土地,如果还存在着任何共用权在上面的话,毫无疑问会变成了牧羊场;"①(2)在砂土层的下面到处都是充足的泥灰土;(3)出色的庄稼轮作——著名的诺福克四年栽培顺序:芜菁、大麦、苜蓿(或者苜蓿和黑麦草)和小麦;(4)精耕细作的芜菁栽培;(5)苜蓿和黑麦草的种植;(6)长期租赁土地的合同;②(7)郡内的土地主要划分给了大农场。"大农场,"他说,"是诺福克耕作方法的精髓,③虽然在该郡的东部地区也有极少数年租只有100镑的土地承租人。"④

不过,整个英格兰南部地区农业上也有一定程度的进步。据阿瑟·扬可知,芜菁种植在王国南部的许多地区都已经很普遍,⑤虽然对芜菁的广泛利用,即芜菁在饲养牲畜和瘦羊方面的价值,"除了在诺福克、萨福克和埃塞克斯,其他地区所知甚少"。⑥ 然而苜蓿的种植,"从英格兰北部到格拉摩根郡的尽头,都非常广泛"。苜蓿,"伟大的苜蓿",是大约在1645年被理查德·韦斯顿爵士引进到英格兰的,芜菁大约也是在这一时期被引进的。马铃薯在17

---

① *Eastern Tour*,ii.152.

② 他说:"在王国的一些地方,不给契约正在变成十分常见的习惯,假使诺福克的地主们照着这样狭窄的原则办事,他们已经增长了5倍、6倍、10倍的地产,也许还是牧羊场。"——*Eastern Tour*,ii.160,161.

③ 同上。

④ 同上。但是,Caird断言,"现在该郡在农业改良上取得的卓越成就完全归功于著名的、诺福克的科克先生,已故的莱斯特伯爵。"——*English Agriculture in* 1850,p.163。

⑤ *Northern Tour*,i.282.

⑥ *Southern Tour*,pp.280,281.

世纪初还只不过是一种园艺作物。大麻和亚麻,还有啤酒花,也常被种植,后者是在 16 世纪初被引进到英国的。

如果我们从土地的耕作转向牲畜的管理和饲养,我们会发现,在 1700—1760 年间这一方面没有取得什么大的进步。在 1700 年戴夫南特估计,屠宰后食用牛的净重量为 370 磅,羊净重 28 磅。一个世纪后,伊顿的计算是"现在伦敦屠宰后的阉牛每头平均重量为 800 磅,羊 80 磅,小羊约 50 磅"。① 1786 年阿瑟·扬认为阉牛和羊的重量分别为 840 磅和 100 磅。不过这种改良看起来是在 1760 年以后发生的。直到 1760—1785 年间,贝克维尔才完成了新品种羊(莱斯特羊)的改良,并改良了长角牛的品种,卡利兄弟则从蒂斯河谷得到了短角的品种牛,又称达勒姆牛。② 不过,羊的一些品种改良已经进行了。"沃里克郡、北安普敦郡、林肯郡、拉特兰郡、亨廷顿郡的一些地方,贝德福郡、白金汉郡和诺福克郡的羊毛早就已经被看作是最长和质量最好的梳用羊毛了。但是近些年来(这段话写于 1739 年),通过更换羊的品种以及芜菁和牧草的种植,羊的品种已经得到改良,现在在英格兰的大部分郡都可以发现那些体积又大又好的梳用羊毛,这种羊毛长且柔软,质量很好,适宜于制作各种高质量的毛织品和长筒袜。"③尽管如此,此后的半

---

① Eden's *State of the Poor*(1797),i.334. Tooke 认为 Eden 的估计过高。——*High and Low Prices*(1823),p.184。

② Ency. Brit."Agriculture"; *Northern Tour*,ii.127; *Eastern Tour*,i.111.

③ *Pamphlet by a Woollen Manufacturer of Northampton*,in Smith's *Memoirs of wool*,ii.320. 毛织造商抱怨圈地减少了羊的数量,但是 Young 否认了这一说法。——*Eastern Tour*,ii.5。

个世纪,养羊业上的各种改良并未能得到普及。① 农业上的工具也仍然很原始,普遍使用的还是木质的犁,②北方地区使用的那种窄轮的马车只能勉强装下 40 或 50 蒲式耳的货物。

阿瑟·扬一直认为农业之所以发展得不好,主要应该归咎于当时盛行的低地租。他在写到克利夫兰的农夫们时说:"他们的地租很低,所以也就没有什么刺激他们改良的动力,30 年前曾出产好庄稼的大片土地,现在遍地长满荆棘、蕨草以及其他杂草——如果问我如何才能阻止这种情况,我会说,提高他们的地租。一开始适度提高,如果这样还不能使他们勤奋,就提高到两倍。"③ 同时,阿瑟·扬提倡签订长期契约。不过必须记住的是,当时除了佃农外,还有大量的自由土地持有农,以及更多的公簿持有农,他们有的是终身的,有的是世代继承的。

总的来说,虽然一些方面的证据显得有些矛盾,但在 1700 年到 1760 年间农业的进步是缓慢的。阿瑟·扬在 1770 年的著作中,将农业上能有更多的实验、更多的发现、更多良好的常识,归功于最近十年,而非过去的一百年间。虽然早在 1701 年,伯克郡的一位绅士杰思罗·塔尔就已经开始使用条播耕作了,他的书在

---

① 诺福克一位上了年纪的牧羊者,1811 年时曾参加当地的民军(他当时大约是 18 岁),曾这样描述当他还是少年时羊的情况:"那时的羊,没有像现在这样多的食物。在冬天,除了全能的上帝赐予的以外,没有什么吃的,当地上的雪很厚的时候,它们只能吃石南,或者饿死。那时的羊没有多大价值。我知道那时的小羊羔卖 1 先令 6 便士一只。"——Clifford's *Agricultural Lockout*, p.266。

② "英格兰许多地方所用的犁,和我们所知道的记载中的罗马犁没有多少不同。在所有的事物中,农业机械得到的改进最少。"——Eden, I.442 n。

③ *Northern Tour*, ii.80-83。

1731 年也发行了,"但是在 30 多年的时间里,在英格兰效仿他的人很少。"①阿瑟·扬在 1770 年说"新的耕作方法"曾经和塔尔一起消失了,直到近些年才再次被应用。② 另一方面,我们看到,早在 1687 年佩蒂就已经注意到"沼泽地的排水,干旱地的灌溉以及森林和共有地的改良"。麦克弗森在 1729 年说,最近大量的资金被用于圈地和土地的改良,③劳伦斯在 1727 年断定:"耕作方法近些年来已经取得了很大进步,这是一个毫无疑问的事实,相应地,许多地产的价值也得到了极大的提升,但是,"他补充说,"大多数人离这种完美的状况还很遥远,他们很少或完全没有感受到这种现代技术和实验的效果。"④

不过,尽管这些农夫还很无知、愚蠢,还使用着粗笨的工具,小麦的平均产量却很大。1770 年每英亩小麦的产量是 25 蒲式耳,而当时在法国只有 18 蒲式耳。⑤ 在本世纪初,我们的一些殖民地还要从母国进口小麦。在 1697 年到 1765 年间,谷物的平均出口量约 500 000 夸脱,而进口量很少。这些谷物被出口到俄国、荷兰和美洲。

---

① 关于塔尔(Tull),参见 *Encyclopedia Britannica* "*Agriculture*",Rev. Mr. Smith's *Word in Season*,and Day's Lecture before the Royal Agricultural Society。

② *Rural Economy*(1770),p.315.

③ *Annals of Commerce*,iii.147.据笛福所说,在南部,农业已经得到了很大改进。在 1698 年,Davenant 也谈到了自 1666 年以来的巨大进步,*Works*(Whitworth's edition,1771),i.359. See also Rogers,*Notes to Adam Smith*,ii.81。

④ *Duty of Steward*,p.2.

⑤ *Travels in France*,i.354.现在英格兰的平均产量是 28 蒲式耳,但是,当然,我们现在的部分农作物是产自那些非自然(non-natutal)的土地。

第四章　1760年的英格兰：制造业和商业

在当时的制造业当中,毛纺业是最重要的。伯克利主教在1737年写道:"我们所有的措施,都应该是能够鼓励我们的毛纺业发展的,毛纺业应该被视为我们财富的基础。"1701年,我们的羊毛制品出口额为2 000 000英镑,或者说"超过全部出口贸易额的四分之一"。① 1770年出口额为4 000 000英镑,大约为出口总额的三分之一或者四分之一。② 制造业的地域分布和现在大致相同。这种工业在英格兰也许早就存在了。在1224年的一项法律中就曾被提及。③ 在1331年约翰·肯尼迪将这种毛织品的纺织技术,从弗兰德尔引进到英格兰,并得到了国王的保护,同时国王还从海外请来了漂洗工和染工。现存的一份请愿书,就是1348年诺里奇的精纺工人和商人写给爱德华三世的。肯德尔的粗呢和萨默塞特、多塞特、布里斯托尔、格罗斯特的精纺呢,在同一世纪的法

---

① Baines's *History of the Cotton Manufacture*(1835),p.112.

② Macpherson's *Annals of Commerce*(1805),iii.506.这本书和该作者的另外一本著作 *Gazetteer*,在本文对毛纺织业进行说明时被大量引用。

③ 9 H.iii.C.27.Coke 的评论是:"在当时和很久以前,宽幅布都一直在生产,虽然量很小,这是事实。"参见 Smith,*Memoirs of Wool*(1747),i.17.

第四章 1760年的英格兰：制造业和商业

令中也有提及。据载,1391年吉尔福德就生产织物,1467年德文郡就有毛纺业——在里夫顿、塔维斯托克和罗波格。在1402年,制造业主要分布在伦敦及其附近,但是由于劳动力和必需品价格的上涨,制造业逐渐转移到了萨里、肯特、埃塞克斯、伯克、牛津等郡,然后进一步发展到了多塞特、威尔特、萨默塞特、格罗斯特、伍斯特等郡,甚至远到约克郡。

在1760年从事毛纺业的主要有三个地区。其中一个地区之所以有这种毛纺业主要是因为发生在尼德兰的战争。因为阿尔瓦公爵的宗教迫害(1567—1568年),许多弗兰芒人定居在了诺里奇(该地在1549年凯特叛乱后就变得荒无人烟了)、科尔切斯特、山维奇、坎特伯雷、梅德斯通和南安普敦。就毛纺织业而言,前面两个城镇看起来从这些定居者的技术中获益甚多。麦克弗森说,也正是在这一时期,诺里奇"学会了制造那些又好又轻的织物,从此声名远扬",例如黑绉纱、细毛斜纹呢和仿驼毛呢,同时,那些粗呢制造者定居在了科尔切斯特及其附近。这样,这些被引进到英格兰的织物就被称作"新织物",包括粗呢、斜纹哔叽以及其他的轻薄毛纺织品,以区别于"旧织物",如宽幅、粗绒织物等。

英格兰西部的制造业主要分布在威尔特郡的布拉德福,它是那种极品织物的制造中心。迪维奇斯以它的斜纹哔叽而闻名;沃明斯特和弗洛姆以其上等布闻名;特罗布里奇和斯特劳德是漂染业的中心;陶顿,在笛福的那个时代,就已经拥有1100台织机了。[①] 这个区域,北到赛伦塞斯特,南到瑟伯恩,西到维特尼,东到

---

① Defoe's *Tour* (7th edition, 1769), ii.19.

布里斯托尔,最长约50英里,最窄处约20英里。"一个富裕的封闭起来的国家,"笛福这样赞叹道,"充满了河流和城镇,有无数的人口,一些贸易城镇大到可以和城市相提并论,在人口数量上甚至还超过了许多城市。"它是"一个商业上的奇迹",这个地方生产出来的"上等西班牙混合呢"被当时英格兰各色喜欢时髦的人等穿着。① 毫无疑问,这一地区吸引人的地方,就是众多的河流和科茨沃尔德羊毛。这一产业的一个分支也延伸到了德文郡,在那里,埃克塞特的商人们从附近的乡村购买进斜纹哔叽的未成品,进行染色和加工,供给国内消费或者出口。

此制造业的第三个主要产地是在约克西区,精纺业集中于哈利法克斯,据坎伯顿所言,该地在1537年就开始这种生产了;利兹及其附近地区生产一种由英格兰羊毛做成的粗呢。1574年,西区的制造商生产了56 000件宽幅呢和72 000件窄幅呢。综览这些我们可以看到,自1760年以来,这些地方的生产不管在比率上有多么大的变化,但该产业一些部门,现在的地理分布仍然与当时基本一样,西区仍然是精纺呢和粗呢的中心,诺里奇依然保持着它的黑绉纱生产,西部继续生产细呢。

毛纺业的扩大相应地引起了对英国羊毛需求的增加,进而导致了更大规模的圈地,特别是在北安普敦郡、拉特兰郡、莱斯特郡和沃里克郡,这些郡供应了大部分生产精纺呢和毛袜所用的梳用羊毛。但是亨廷顿的一些地方、贝德福德、巴克斯、剑桥郡、罗姆尼湿地和诺福克在这方面和上述各郡展开竞争,到1739年,大部分

---

① Defoe's *Tour*, ii. 26,37,38.

第四章 1760年的英格兰:制造业和商业

郡都能生产质量很好的梳用羊毛了。笛福曾谈到林肯郡的羊毛的销售,"在这里可以发现最长的羊毛,这些地方的羊是最大的品种"。① 在阿瑟·扬的时代,林肯郡和莱斯特郡的羊毛依然在诺里奇被使用。② 科茨沃尔德和怀特岛的羊虽然产出纺织用的短毛,"但是它们的质量比顶级的西班牙羊毛差",不能"把它们混纺在一起,否则就会在一定程度上破坏和降低产品的质量"。③ 因此在英格兰西部,由于人们主要从事最上等织物的生产,所以主要使用西班牙羊毛,不过,在阿瑟·扬的时代前不久,已经发现"诺福克的羊在其颈边长的一种毛,其质量不亚于最好的西班牙羊毛"。④

在重要性上仅次于毛纺业的是制铁业,虽然此时它已经是一种渐趋衰落的产业,但是在苏塞克斯的维尔德地区仍然有相当大的规模,1740年的时候这里有十座熔炉,年产量1400吨。⑤ 该产业在17世纪达到了它的鼎盛期,不过在1724年,它仍然是该郡的主要制造业。圣保罗大教堂四周的栏杆就是在兰伯赫斯特铸造的,它们的重量,再加上七扇门的重量,超过了200吨,花费了11 000镑。格罗斯特郡、什罗普郡和约克郡各有六座熔炉。约克郡夸口说它的年产量达到1400吨,最著名的工厂在罗瑟勒姆。纽卡斯尔的制铁业规模也很大。⑥

---

① Defoe's Tour, i.94.
② Eastern Tour, ii.74,75.
③ Smith, Memoirs of Wool, ii.542,543,1st edition, London,1747. Adam Smith, Wealth of Nations, book iv. Ch. Viii. (ii.525.).
④ Eastern Tour, loc. Cit.
⑤ Scrivenor's History of the Iron Trade (1841), p.57.
⑥ Northern Tour, iii.9 - 11.

1755年一位名叫安东尼·培根的制铁业主,在梅瑟蒂德菲尔得到了一块土地的99年租赁权,该工地有8英里长,5英里宽,他在这里建立起了铁场和煤场。① 1709年在什罗普郡建立了煤溪谷工场,1760年苏格兰的卡龙制铁场开始生产。② 在1737年前后,18个郡总计有59座熔炉,年产17 350吨铁。据计算这时我们每年进口20 000吨铁。③ 在1881年,我们出口3 820 315吨铁和钢,价值27 590 908英镑,进口额为3 705 332英镑。

这时的棉纺业还微不足道,亚当·斯密只提到过一次,而且还是偶尔提及。棉纺业这时局限于兰开夏,中心在曼彻斯特和博尔顿。在1760年从业人员不超过40 000人,年产值据估计为600 000英镑。但是,其出口额一直在稳定增长,1701年出口额为23 253英镑,1751年为45 986英镑,1764年为200 354英镑。柏克在当时曾谈道:"精神饱满的、有创造力的、有进取心的曼彻斯特商人,每年都生产出花样繁多、令人赞叹的产品。"但是在1764年,我们棉纺织品的出口额只及毛纺织品的二十分之一。

五金行业,在当时和现在一样,主要分布在谢菲尔德和伯明翰,后者的这一产业里雇佣的工人超过50 000人。④ 不过,该行业那时并不像现在这样如此集中,小作坊分散在王国各地。例如,抛光钢在伍德斯托克生产,锁具在斯塔福德郡制造,制针业在沃灵

---

① Scrivenor's *History of the Iron Trade*, p.121.
② Smiles's *Industrial Biography*, pp.82, 136.
③ Scrivenor, pp.57, 71.
④ Anderson, *On Commerce*, iii.144.

第四章 1760年的英格兰：制造业和商业

顿、布里斯托尔和格罗塞特进行，在这些地方它们是"城市的主要产品"。①

袜业在那个时候还正处于走向集中的过程中。到1800年，丝袜业已经集中在德比，毛袜业集中于莱斯特，不过这时的诺丁汉尚未开始棉袜业的生产。18世纪初，在伦敦和英格兰南部的一些地方已经有许多织机。1750年，伦敦有1000架织机，萨里有350架，诺丁汉有1500架，莱斯特有1000架，德比有200架，中部地区有7300架，英格兰和苏格兰的其他城镇有1850架，爱尔兰有800架，合计14 000架。② 大部分的丝绸是在斯皮塔福德织造的，但要先在北部的斯托克波特、纳茨福德、康格尔顿和德比纺纱。③ 1770年在谢菲尔德有一家模仿德比的丝绸工场，在肯德尔有一家废丝工场。④ 在笛福的时代，考文垂就已经有了丝带制造业。⑤ 据说在1720年，丝绸业的生产比革命时，一年多了700 000英镑。⑥

亚麻布在英格兰是一种古老的产品了，在17世纪初被引进到了邓迪。1746年，英国亚麻布公司成立，向非洲和美洲的殖民地供应本土生产的亚麻布，⑦亚当·斯密认为它是一种正在发展中的制造业。当然，它是爱尔兰的主要产品，17世纪末定居在爱尔兰的法国新教徒推动了它的发展。

---

① *Southern Tour*, p.141(2nd edition, 1769).
② Felkin's *History of the Hosiery and Lace Manufacture*(1867), p.76.
③ Defoe's *Tour*, ii.397; iii.73. 在该行业中，Derby的工场是独一无二的。
④ *Northern Tour*, i.124; iii.135.
⑤ Defoe's *Tour*, ii.421.
⑥ *British Merchant*, quoted in Smith's *Memoirs of Wool*.
⑦ Anderson, iii.252.

机械技术仍然处于一种非常落后的状态。尽管毛纺业是这个国家的主要产品,在亚当·斯密的时代,这一行业里的劳动分工依然和一个世纪前几乎完全一样,使用的机器也没有什么大的不同。据亚当·斯密所言,自爱德华四世时代以来,只有三项重要的发明:以手工纺纱机代替了纺纱杆和纺锤;在进入织机前,用机器将经纬线排列整齐;使用缩绒机加厚呢绒,而不是放在水里面踩踏。但是,在列举这些的时候,他忘记提到1738年由凯伊发明的飞梭,他是兰开夏巴里的一个当地人。他的发明是在毛纺织业引起革命的第一个伟大发明。它的功用在于能够缩短工人一半的劳动时间,而且使一个人就可以纺织最宽的布,而无须两个人。①

"棉纺织业所使用的机器,"巴恩斯说,"到1760年,还几乎和那些印度的机器一样简单。"虽然织机更结实了,制造的也更完善了,但是梳棉用的梳棉机是由原来用于羊毛工业上的机器改造过来的。只有像粗斜条棉布和凸花条纹布,这样很结实的棉布才能在英格兰生产,对这些产品的需求也一直被严格地限制着。② 1738年约翰·怀特发明了纺纱用的滚轴,不过事实证明,此项发明并非有利可图。1760年,兰开夏的制造商开始使用飞梭。印花布生产已经很兴旺了。③

为何劳动上分工的程度如此低,发明如此少,如此不受重视,

---

① Fox Bourne's *Romance of Trade*, p.183.
② Baines's *History of the Cotton Manufacture*, p.115.
③ 在1719年,"所有小气的人、女仆和普通的穷人,以前通常都穿着诺里奇生产的比较薄的女式织物,现在则穿着印花布,或者印有花纹的亚麻布。"——Pamphlet in Smith's *Memoirs*, ii.195.

第四章 1760年的英格兰：制造业和商业

亚当·斯密给出了自己的理由。他指出，劳动上的分工受到了市场规模的限制，主要是因为恶劣的交通方式，英国制造业的市场在当时还十分狭窄。不过，不管英格兰的制造业发展得多么缓慢，在这方面还是要比其他国家先进得多。其进步的一大秘诀，就是由其河流所带来的水上交通的便利，因为这时的陆上交通还处于完全被忽视的状态。第二个原因，就是英国国内没有像法国、普鲁士（一直到施泰因时代）那样的关税壁垒。英格兰的国内贸易是绝对自由的。

阿瑟·扬曾详细描述过当时道路的恶劣状况。一辆马车从伦敦到爱丁堡要花一周甚至更长的时间。在普雷斯顿和威根之间"地狱般的"道路上，车辙有四英尺深，他曾经看到有三辆大车翻倒在1英里的路上。沃灵顿的收费公路可谓"臭名远扬"，很显然"建造它的目的就是为了造成毁坏"。"破旧不堪""可憎的""卑鄙的""恶劣无比"，是阿瑟·扬评论道路时常说的话。但是水路交通大大弥补了陆路交通的不足。

改善水上交通的尝试开始于加深河床。1635年曾有一个关于埃文河的计划，从它在图克斯伯里和塞汶河的汇合点开始，使之可以通航到格罗斯特郡、伍斯特郡和沃里克郡，但是由于内战这个计划被放弃了。1660年到1755年间通过了加深河流河床的各种法案。1720年的一个法案就是要使默西河和艾威尔河可以在利物浦和曼彻斯特之间通航。大约在同一时期，亚尔河和科尔德河开始通航。1755年第一条运河建成，长11英里，在利物浦附近。三年后，布里奇沃特公爵建成了另一条运河，从他在沃斯利的煤矿到曼彻斯特共7英里长。在1761年和1766年间，一条更长的运河(29英里)完工,它从曼彻斯特经切斯特在利物浦和默西河汇合。从此以后,运河系统就迅速发展起来。

当我们转而研究这一时期的产业组织的时候可以发现,此时资本主义性质的雇主阶级尚处于形成的初期阶段。我们的大部分商品还是在家庭产业制度下生产出来的。制造业还很少集中在城镇里,还只是部分地与农业相分离。"制造业者",准确地说,就是那些在自己的茅屋里,用自己的双手工作的人。例如,在18世纪初,约克西区的所有纺织行业几乎都是在这种制度下组织起来的。

这一时期产业组织的一个重要特色,就是许多小家庭作坊主的存在,他们是完全独立的,有自己的资本和土地,他们的特点就是集自由持有农和手工业者于一身。笛福对他们的生活进行了很有趣的描述。他说,哈利法克斯附近的土地"被分割成了许多面积不大的圈地,每块从2英亩到6或7英亩不等,很少有更大的,每3或4块地中间有一栋住宅,……一栋住宅和另一栋住宅之间,彼此都可以听得到相互的喊话,……在每一栋房子里我们都可以看到一架织机,在每一架织机的上面都有一匹织物,或者是克赛尼绒,或者是夏龙绒,……每一位织工都至少养一匹马,用来将产品运到市场去。通常为了养家,每个人还会养一头牛,或者两头甚至更多。每家小小的圈地就这样被利用起来,因为他们种的谷物往往不够饲养家禽,……房子里都是精力充沛的人,有的在染缸旁工作,有的在织机旁忙碌,有的在裁剪布料,妇女和儿童进行梳或者纺,从最小的到最老的都在干活……看不到一个乞丐,也看不到一个游手好闲的人"。①

---

① Defoe's *Tour*, iii. 144 – 146.

第四章 1760年的英格兰：制造业和商业

但是，这种制度在阿瑟·扬的时代已经不再普遍了。在谢菲尔德，他发现一家丝场雇用了152人，包括妇女和小孩，在达林顿，一个作坊主使用的织机超过50架，在博伊顿有一家雇用了150个工人的工厂。[①] 同样，在英格兰西部的纺织业中，也可以看到资本主义制度的萌芽，富裕的商人将活儿交给附近村庄的工人们，这些工人是他的雇工，不再是独立的。1750年，在诺丁汉的制袜业，有50名制造商被称为"出资者"，他们雇用着1200架织机。在莱斯特，1800架织机被以同样的方式雇用着。[②] 在斯塔福德郡和伍斯特郡的手工制钉行业，商人在当地各处建立了仓库，将制钉用的铁条分发给制钉师傅，足够他和他的家庭一周的使用。[③] 在兰开夏，我们一步步地追踪资本家雇主的成长。就像在约克郡，我们可以看到，一开始织工自己准备经纬线，在自己的房子里工作，自己将产品带到市场上去。渐渐地他发现从纺纱工那里得到纱线越来越困难了，[④]于是，曼彻斯特的商人就供给他纱线和原棉，这样，织工就依附于了商人。[⑤] 最后，商人将30或40台织机集中到一个城镇上。在重大的机械发明之前，这就是通向资本主义制度最近的途径。

至于交换制度，我们发现它基于几项不同的原则，这些原则并

---

① *Northern Tour*, i.124; ii.6,427. See Smith's *Memoirs*, ii.313.

② Felkin's *History of Hosiery*, etc., p.83.

③ Timmins's *Resources*, *Products*, etc., *of Birmingham* (1866), pp.110,111.

④ Baines, p.115. Ure's *Cotton Manufacture* (1836), i.192,193. 织工早上要走3英里或者4英里的路，拜访许多纺纱工，这样他才能获得足够一天的工作。比较 Young's *Northern Tour*, iii.189.

⑤ Baines, p.104 n.

列存在,但是就如我们所想象的,它们都是非常简单和原始的。每一行业都以一个地方上的城镇为中心。例如,利兹每周有两次集市,先是在亚尔河的大桥上,后来在大街上,再后来,建起了两座大厅。每位服装货主都有自己的摊位,将自己的产品拿到这里售卖(因为经常集市,所以很少一次超过一匹)。6点或者7点,鸣钟开市。商人或代理人前来和这些货主讨价还价,大约一个小时的时间交易就结束了。到9点的时候,条凳就被清空了,大厅里也没有人了。① 精纺业在哈利法克斯也有一个相似的大厅。不过大部分内地的交易是在定期的交易会进行的,这些交易会当时仍然和中世纪时一样重要。这其中最著名的是斯特布里奇的大交易会,②它从8月中旬一直持续到9月中旬。各大行业的代表都会到这里来。兰开夏的商人们带来了一千匹马装载的货物,东部各郡送来了他们的精纺织物,伯明翰送来了他们的五金制品。数量巨大的羊毛被出售,订单是由伦敦的批发商下的。事实上,国内贸易的很大一部分都是在这个市场上进行交易的。③ 拥有"集市(marts)"这一古老名称的四大年市,分别是在林恩、波士顿、盖恩斯伯勒、比弗利。④

　　这些交易会和主要工业中心之间的联系是由那些中间商提供的。一些中间商赶着装载着货物的马队,从利兹出发,到达英格兰所有的定期交易会和城镇集市。⑤ 在城镇市场上,他们将货物卖

---

① Defoe's *Tour*, iii. 124 – 126.
② 在剑桥郡(Cambridgeshire)的 Chesterton 附近。
③ Defoe's *Tour*, i. 91 – 96.
④ 同上,iii. 16,17。
⑤ Defoe's *Tour*, iii. 126.

给商店,在其他的地方,他们也会直接与消费者进行交易,例如曼彻斯特的商人,他们将马队装载的货物直接送到周围的农家,用他们的制成品换取羊毛或者其他商品。有时伦敦的商人会直接找到制造商,当场付给他们金币,带走货物。伯明翰的制锁业也是这样,商贩赶着马队到各处直接找制造商购货。铜器业也是如此,制造商待在家里,商人带着装在马鞍袋子里的现金直接来购买,然后再将货物放在鞍袋里带走,虽然有时他也会在订货后,让跑运输的人送过来。①

支付必须用现金,因为银行业还很不发达。英格兰银行虽然已经成立,但是在 1759 年以前,它发行的票据面值没有低于 20 英镑。根据 1709 年的一项法律规定,不允许成立合伙人超过 6 个的银行,据柏克说,在伦敦以外的地方,银行业者的店铺不超过 12 个。② 直到 1775 年还未成立票据交换所。

内陆的商业因为交通不善而受阻,因此,人们不得不做出极大的努力来促进交换。伦敦的废丝被运到肯德尔,制成纱线后再被运回伦敦,③苏格兰的牛被运至诺福克喂养,④这些事例都很引人注目。但是,大部分地区仍然是与外界隔绝的状态,以至于外国的产品从来都没有到达过他们那里。据骚塞所言,甚至在本世纪初,约克郡的约曼农还对蔗糖、土豆和棉花一无所知。⑤ 坎伯兰的山

---

① Timmins, p.241.
② *Letter on a Regicide Peace*, Burke's Works(Bohn's edition), v.197.
③ *Northern Tour*, iii.135.
④ *Defoe's Tour*, i.61;每年在诺福克饲养的有 40 000 头。
⑤ *The Doctor*, c.iv.

民们,就像华兹华斯在《湖区指南》一书中描写的那样,①完全依靠自己田地上的作物生活。当伟大的社会主义作家西斯蒙第和拉萨尔痛骂现代产业制度的时候,他们心中想的就是这一时期的家庭产业制度。他们指出,在这种制度下生活的人们,虽然穷,但就总体而言,却是繁荣向上的,生产过剩是绝对不可能存在的。② 但是,事实上在我所说的这个时代,现代社会主义者所痛心的许多弊端已经是显而易见的了,尤其是在那些主要面向国外市场的行业里。对于那些利用高物价而进行市场竞争的人们,已经有了不少责难。我们也听到了市场的波动和就业的不稳定。③ 在腐蚀一切的对外贸易力量的面前,这种古老的、在简单条件下进行的生产和交换,正处于消失的前夜。

国内贸易(在总贸易额中)所占的比例比现在要大得多,但是出口额由 18 世纪初的 7 000 000 英镑,增加到了 1760 年的

---

① *Prose Works*, ii. 262, 263.

② "农民和他的孩子们一起,在其祖传的土地上劳作,既不向地位在其上的人支付租金,也不向地位在其下的人支付工资。根据自己的消费量进行生产,吃自己的小麦,喝自己的葡萄酒,穿自己的亚麻和羊毛。几乎不知道市场价格,这是因为:他几乎没有需要卖的东西,也没有需要买的东西。"——Sismondi, *Economie Politique*, Essai iii. 但是,参见 Young's *Northern Tour*, iii. 189.

③ 早在 1719 年,就有人断言,"织工们缺乏工作的主要原因,就是作坊师傅和熟练工人的贪婪,他们为了赚钱,招收了如此多的学徒,根本不考虑这些学徒能否找到工作。"在 1737 年,一位作者哀叹道,那些代理商,在生意稍微好些的时候,就用他们的库存,提供给人们做裁衣师傅。这给那些不管生意好坏都同样雇佣穷人的人,带来了很大影响。……因此,过多的人进入了这一职业,超过了这一职业所能承受的限度,这也就为最近我们感受到的混乱和骚动打开了一扇新的大门。——Smith's *Memoirs*, ii. 186, 313。

14 500 000英镑。① 在此期间,外贸商品的出口渠道发生了很大的变化。在 1700 年,荷兰是我们的大市场,在我们的出口额中所占比例超过了三分之一,但是在 1760 年所占比例减少到了七分之一。葡萄牙在 1703 年时占七分之一,现在占十二分之一。与法国的贸易完全无足轻重。另一方面,殖民地现在成为了我们的主要市场,我们三分之一的出口都去了那里。在 1770 年,曼彻斯特全部产品的四分之三都销往了美洲。② 1767 年对牙买加的出口额几乎和 1704 年对所有英国殖民地的出口额相等。③ 航运业也增加了一倍,④船只也更大了。在 1732 年,750 吨的船已经被认为是很大的了,在 1770 年,利物浦有很多 900 吨的船。但是,就像在其他产业部门一样,航运业的发展仍然是缓慢的、部分的、地方性的,从而与下半世纪那种迅速而且全面的发展,形成了鲜明的对照。

---

① *British Merchant* 这本书估计出口贸易是国内贸易额的六分之一,或者说 7 000 000英镑。——Smith's *Memoirs*,ii.112. 柏克据有 Davenant 的手稿,该手稿中 1703 年的出口额是 6 552 019 英镑。——*Works* i.221。
② *Northern Tour*,iii.194.
③ Burk's *Works*,i.278.
④ 1762 年英国船舶的装载量将近 560 000 吨。——同上,i.201。

第五章　1760年的英格兰：约曼农的衰落[*]

今天的大众哲学，虽然在思想领域削弱了许多古代的信仰，但是在实际生活中却发挥了一种显著的保守影响，这一点，必定现在的每一个人都可以感觉得到。对于那些反对激烈变革的人们，依据确切的法则，缓慢发展的理念，无疑会强化他们的立场。但是对于那些维护现有社会架构的人们，进化的理论是否真的能够像其看起来的那样给予他们支持，还是大可疑问的。最近的立法其性质上都具有明显的革命性，而且都诉诸历史经验以证明其合理性，因而也引起了各方的关注。我不会忘记，主张将进化论应用于政治领域的一位最著名的倡导者曾发展出来一种关于政府的理论，这种理论是反对最近的这些立法改革的，但是，这种理论是一种先验的理论。另一方面，那些将历史方法应用于政治经济学和社会科学的人们，已经明白无误地表示，希望将那些施加于下层阶级的不公正公之于众，希望能够捍卫那些能够保护下层阶级的方法和制度，这些方法和制度以前从未用科学来证明其合理性。

我们越是检查事情发展的实际过程，人民所承受的不必要的

---

[*] 编者：本章的大部分内容来自汤因比手稿中的一篇论文。

苦难越使我们感到震惊。不论什么关于自然法则或者必然趋势的含糊其辞，都不能使我们罔顾这样的事实，即我们所相信的进步，是以无数的不公和错误为代价换来的。也许，在我们的土地制度上这是最明显的，而且我们会发现，在这方面和在其他方面一样，我们越是接受历史研究的方法，在实际生活中就越是倾向于变得具有革命性。因为现代经济学家中的历史学派看上去似乎只是在探索过去的历史，但是他们实际上却动摇了我们现在许多制度的根基。历史方法通常被认为是保守的，因为它所追溯的，是我们神圣的制度是如何缓慢而庄严地成长的。但是，通过展示在这个成长过程中由于盲目无知而产生的严重的不公正，它很可能起到的恰恰是相反的作用。历史方法本来是想用来证明，经济变革是自然法则不可改变的必然结果。但是它常常证明的却是，这种经济变革是由于统治阶级追求个人利益的行为而引起的。

　　直到17世纪末，小自由土地持有者和他们的家庭还占到英格兰人口的六分之一，他们固执的决心曾使克伦威尔和费尔法克斯取得了内战的胜利，但是对于他们的消失，至今也没有历史学家给出充分的解释，实在是一件让人感到怪异的事情。当经济学家们如此重视英格兰地产的分配与德、法等国的不同时，这种忽视就更加显得令人瞩目。现代的改革者满足于通过英格兰存在的长子继承法和严格的居住权制度来解释这种现象，但是这种解释很明显是肤浅的。为了说明为什么在英格兰小地产消失了，而在德国和法国它们却增加和兴旺发达了，我们的研究就必须深入到法律、政治和商业的历史中去。对这个问题细致研究的结果有点令人感到吃惊，因为我们发现，现在英格兰地产的分配主要归因于这个使我们成为一个自由民族的政治体制。与之相反,德国和法国的地产分配,这个许多作者所认为的反对革命的巨大堡垒,其形成则主要归因于那个摧毁了政治自由并使人们隶属于王权的政治体制。

举出支持这个结论的证据并非难事。引起我们兴趣的第一个事实,就是在17世纪末,据格里高利·金估计,在英格兰有180 000名自由土地持有者,①但是在不到100年之后,许多那个时代的小册子作者,甚至包括像阿瑟·扬这样谨慎的作者也说,小自由土地持有者实际上已经消失了。即使只是将这些记述进行对比,其本身也足够使人印象深刻了。一个不了解我国这段历史的人也许会想,一定发生了一场巨大的灭绝性的战争,又或者发生了一场激烈的社会革命,从而导致财产从一个阶级转移给了另一个阶级。虽然这种猜测是不正确的,我们却有理由说,一场具有无可估量重要性的革命发生了,一场革命,虽然是无声的,但却和1831年的那场政治革命一样的重要。"能干且数量众多的自由土地持有者,"怀特洛克这样写道,"自由土地持有者和他们的儿子们,内则由他们道德良知的满足感武装起来,外则由铁甲兵器武装起来,防守时坚如磐石,冲锋时奋不顾身。"这个充满献身精神的阶级,曾经在内战时粉碎了国王和乡绅们的力量,却在那以后的一百年时间里,自身被粉碎、被打散、被驱离了土地。在15世纪的时候,他们人数众多,繁荣兴旺;在16世纪的时候,他们已经开始受到圈地的打击;在17世纪的时候,虽然他们对圈占土地时有不平之鸣,但

---

① 和 Davenant 一样,Macaulay 也认为这一数字过高,他认为应为 160 000 名。——*History of England*, c. iii.

第五章 1760年的英格兰:约曼农的衰落

是没有证据显示在这段时间他们的数量有剧烈的减少。在18世纪初的文学作品中,我们发现,在关于乡村生活的描述中,小自由土地持有者仍然是重要的角色。罗杰·德·科弗利爵士在骑着马去季审法庭的路上,骑着马走在他前面的两个人就是约曼农,笛福在此后若干年出版的名著《英格兰游记》一书中,曾高兴地记述了肯特郡的灰衣汉们的数量和兴旺发达的状况(这些人因为他们所穿的外套而得此称号),他们的政治势力迫使那些绅士们也不得不带着谨慎和敬意对待他们。① 在17世纪末第一次出版的《不列颠状况》一书中,张伯伦指出:"与任何规模相似的欧洲国家相比,英格兰的自由土地持有者不仅数量更多,也更加富裕。年收入40镑或50镑是很平常的事,在某些郡年收入100镑或者200镑也不算稀罕,有时候在肯特和苏塞克斯的威尔德,年收入可以达到500或者600镑,而且还有3000或者4000镑的资本。"②毫无疑问,直到1688年光荣革命,自由土地持有者在英国大部分地区的社会生活中都占有重要的地位。

但是如果我们问,作为一个阶级,他们是否拥有政治上的主动权,回答一定是否定的。在内战中形成的东部联盟名单上(东部各郡是自由土地持有者最强大的地区),我们找不到一个名字是没有绅士或者乡绅头衔的。小地产者,虽然勇敢而且在人格上是独立的,但却是无知的,缺乏领导者的能力。在他的乡村生活中,没有什么能激发他的精神;在农业上,他沿用着祖辈使用的相同方法,

---

① *Tour*, i. pp.159,160. 在选举的时候,1400或者1500人会列队进入Maidstone投票。

② Part I. book iii. p.176, ed.1737.

充满了偏见,顽固不化。他们中的大多数人,从未到过他们生长的乡村、农庄和附近市镇以外的地方。在一些地方,这些自由持有农同时也是工匠,特别是在东部各郡,这里是国内最富裕的地方,也是受国外影响最大的地方。但是,如果我们根据后来的一些记述进行判断,整体来说,约曼农虽然在丰年繁荣兴旺,但是在平时的生活却很艰辛,他们的生活习惯和思维方式也是代代相承,经世不变。在内战中,他们能够证明,在好的领导下他们是这个王国里力量最强大的群体。但是在立宪政府建立后,当大地主已经不再需要他们的支持的时候,他们在政治上就沦落到了微不足道的地步。1688年的光荣革命结束了17世纪的宪政斗争,这次革命是在没有他们的帮助下完成的,而且,这次革命也为他们的灭亡铺平了道路。一场农业生活上的革命是他们为获得政治自由而付出的代价。

然而,小自由持有农的兼并起初进行得很缓慢。消失的过程大约从1700年一直持续到今天,像卡尔·马克思所说的,①约曼农到18世纪中期就消失了,这种说法并不准确。直到我们现在讨论的这一时期,即1760年左右,他们灭亡的过程才变得迅速起来。有确凿的证据表明,在1770年左右,还存在着许多小自由持有农。在这一时期的肯特,仍然有9000名自由持有农。②

甚至晚至1807年,埃塞克斯的地产在被分割的时候,也被那些农夫以高价买去,这时的地产颇有几分恢复到一个世纪前情形

---

① *Le Capital*(法译本),p.319.
② Kenny's *History of Primogeniture*(1878),p.52.

第五章 1760年的英格兰：约曼农的衰落

的希望，"当我们的小地主们还居住在乡间他们的地产上"。大约在同一时期，在牛津郡住着"许多中等的业主和许多小业主，特别是在敞田上"。① 在坎伯兰、约克西区和东区的部分地方，他们的势力特别强大。1788年在皮克林山谷几乎整个地区都属于他们，任何大地主都无法在此立足。② 但是在1788年这已经是一个例外了，在这一时期其他作者的作品中，我们发现了他们对约曼农消失的共同叹息。阿瑟·扬"由衷地惋惜那些被称为约曼农的人的没落……是他们真正地保持着这个民族的独立"，并且"厌恶地看到他们的土地落到了那些垄断贵族的手中"。③ 在1787年他承认他们实际上已经从这个国家的大部分地区消失了。④ 紧随约曼农其后的是小乡绅，他们是同一原因的牺牲品。⑤

上述的这些原因，更多地应该从社会和政治方面而非从经济上查其根源。其中主要原因就在于我们独特的政体。在光荣革命以后，土地贵族实际上居于了最高的地位。国家政权和地方政权

---

① Young's *General view of Agriculture of Essex*(1807),i.40. 摘自 Howlett 的 *View of the Agriculture of Oxfordshire*(1809),p.16。

② "这一地区的大部分土地是私人财产，而且大部分为约曼农所有；在如此广阔的区域内，这样的情况并不多见。皮克林镇(Pickering)是一个特殊的例子。该镇大约有300名自由持有农，占有的主要是他们自己的小地产，大多数的地产都是由最初的买主传给自己的直系子孙的。没有大地主，甚至乡绅，可以在这一教区立足；或者，即使有人可以在此地获得土地，将土地在子女之间进行分割的习惯，也使得那些集聚的地产，恢复到最初的小地产状态。"——Marshall's *Rural Economy of Yorkshire* (1788),i.20。

③ *Inquiry into the present Price of Provisions and the Size of Farms*(1773), pp.126,139 et seq.

④ *Travels in France*(Dublin edition,1793),i.86,ii.262.

⑤ 参看前面所引用的 Howlett 著作的摘要。

都完全掌握在了他们的手中,结果,作为政治和社会影响的基础,土地自然就成为了被热切追逐的目标。我们可以拿法国和普鲁士做一对比,在那里,地主并没有像我国这样拥有政治权力,因此,那里的小地产也就未受到攻击。其次就是商业和金融利益的巨大发展。商人只能通过变成地主,才能获得政治权力和社会地位。的确,斯威夫特曾说过:"过去依附于土地的权力现在已经转移给了金钱。"而且,像艾迪生的安德鲁·弗里波特这样做土耳其贸易的大商人也拥有了很高的社会地位。但是,如果仅仅只是商人,很少有人可以进入议会。① 约翰逊博士曾经有过一个重要的评语:"英国商人是绅士的一个新品种。"② 因此,那些在城市里积累了财富的商人——就如我们所看到的,随着18世纪上半叶商业的扩展,这种财富增长得非常迅速——为了将自己变成一位绅士,自然就需要购买土地了。因此,我们的许多贵族就是出身于商人。1784年被封为朗斯代尔伯爵的詹姆斯·劳瑟,是一名做土耳其贸易的商人的曾孙;巴林家族的祖先是一名德文郡的服装商;安东尼·佩蒂是威廉·佩蒂的父亲,也是佩蒂-菲茨莫里斯家族的母系祖先,他是汉普郡罗姆西的一名服装商;约书亚·柴尔德爵士的儿子成为了蒂尔尼伯爵。③ "那些现在将脑袋抬得很高"的英格兰西部的地主们,按笛福的说法,是在服装行业发财致富的。这样,不仅造

---

① Johnson 朋友的父亲,酿造商 Thrale,是一个例外。在 1733 年,他是 Southwark 选区的议员,还是 Surrey 的郡长。他死于 1758 年。——Boswell's *Life of Johnson* (7th edition), ii. 106, 107.

② 同上,p. 108 n.

③ Defoe's *Complete Tradesman* (ed. Chambers, 1839), p. 74.

就了一种新型地主的崛起,而且旧的贵族世家通过和商业巨头的联姻增加了财富,从而可以购买更多的土地。例如,菲茨莫里斯家族就继承了佩蒂家族的财产;柴尔德的女儿嫁给了伍斯特侯爵,后来通过再婚又嫁给了波特布里奇的格兰维尔勋爵;康韦勋爵和沃尔波尔勋爵都娶了伦敦商人约翰·肖特的女儿。在 1675 年和 1700 年间,R.坦普尔爵士曾说过:"我想我记得那些为了金钱而和市民通婚的最早的贵族世家。"① 笛福说:"商业与成为一名绅士绝无矛盾,简而言之,在英格兰商业造就绅士。因为,在经过了一代或两代之后,商人的孩子,或者至少他们的孙子,就会和那些出身于最高贵、最古老的家庭的子弟一样,成为优秀的绅士、政治家、议员、枢密院成员、法官、主教和贵族。"② 这种阶级间的融合与上一世纪的法国社会,与他们那些穷困潦倒的贵族形成了鲜明的对照,他们的贵族通常只是依靠领主权和地租生活,但对自己地产的经营却漠不关心,而且极少与商人阶级相互通婚;或者与普鲁士做一对比,在那里两个阶级处于完全分离的状态,甚至不能够购买彼此的土地。

我已经确立了两个事实:之所以渴望获得土地,是因为在光荣革命后,土地已经成为了获得政治权力和社会地位的条件;购买土地的资金来自于那些富商,或者那些通过和大商人联姻而获得财富的贵族和大地主。这个证据清楚地表明了,收购约曼农的土地是一项大地主们普遍认可的政策。我经常引用地产经理人的话,

---

① Lecky's *History of England*, i. 193, 194. 引自 Temple's *Miscellanies*.
② Defoe's *Tradesman*, Loc. Cit.

他们曾为优秀的管家立下这样一句格言,即:"他应该时刻记得,要对住在领主庄园内或者附近的自由土地持有者进行最详细的调查,了解他们是否愿意出售他们的土地,从而为其领主能够以最有利的价格购得这些土地尽到最大的努力。"①

另一方面,作为大地主们在议会占据了统治地位的结果,他们的地产得到了人为的保护。1666年由奥兰多·布里奇曼爵士提出的严格的居住权制度,虽然并未像所说的那样重要,也未能阻止商人们随心所欲地购买土地,但的确阻止了许多土地进入市场。长子继承的习惯导致了男子均分土地制度及其类似习惯的废止,抑制了地产的分割。在坎伯兰,长子继承权在16世纪就被引入到了自由土地持有者之中。1740年在肯特,男子均分土地的做法几乎和"废止均分法案"开始以前一样多,但是在30年后,这种做法最终被长子继承权所取代。正是在这30年间,该郡土地集中的过程第一次显示出了令人生畏的比例。然而,在皮克林,由于仍然保留着均分土地的法律,所以当英格兰其他地方的小地主已经灭绝了之后,就像我们看到的,他们在该地依然存在。

大地主统治的第三个结果表现在共有地制度解体的方式。关于圈地的含义,我们已经讲过,圈地意味着旧农业制度的解体和土地的重新分配。这一问题牵涉到有关争议的微妙疑问。在普鲁士,这种变化是靠公正的立法产生的,在英格兰,这个工作却是通过强者牺牲弱者的利益来完成的。这种从公有制向私有制的转变,虽然从经济的角度看是有益的,但却是以一种不公正的方式进

---

① Laurence's *Duty of a Steward*(1727),p.36.

第五章 1760年的英格兰：约曼农的衰落

行的,因此也变得危害社会。那些丧失了共有地权利、贫穷而又无知的自由持有农受到了巨大的伤害。例如,在皮克林,什一税的承租人申请圈围荒地。小自由土地持有者虽然竭力反对,但是由于没有足够的钱将官司打下去,最终败诉。承租人通过收买该教区里无地"房主"的支持,最终从自由土地持有者手中夺取了土地,并和该教区的茅舍农共同分享战利品。① 对于那些大地主的管家来说,骚扰那些小土地所有者从而迫使他们出卖自己的土地是件很容易的事情,就像艾迪生的塔奇,因为打官司,他的收入从80英镑减少到了30英镑,虽然在这个案件上,他的确只能责怪他自己。② 对荒地的圈围给小土地所有者造成了很大的伤害,对于他们来说,没有了放牧的权利,谋取生计就更加困难了。

对于约曼农的消失,虽然经济上的原因相对来说不那么重要,但是也加速了这种变化。小块的耕地从经济上来说经营起来不合算,因此,不管怎样,最终一定会被集中到一起。据阿瑟·扬说,小农在工作上比那些按日计酬的临时工更辛苦,在生活质量上则和那些临时工一样低。但是,他们的悲惨命运完全是因为他们占有的是耕地而非草地。③ 除了这些以外,毫无疑问,新兴的大农场主阶级在某些方面是优越于那些太不思进取的约曼农的,——"完全不同的一类人……就知识和思想而言"。④ 他们已经改进的农业

---

① Marshall's *Yorkshire*, p.54.
② *Spectator*, No.122.
③ *Travels in France* (Dublin edition, 1793), ii. 262. *Rural Economy*, Essays 3 and 4.
④ *View of the Agriculture of Oxfordshire*, p.269. Cf. Howlett, i.65: "他的理解能力和谈吐,和那些普通工人没有多少区别,绝不会更好。"

技术是那些约曼农很难与之竞争的。另一个对许多约曼农造成打击的经济因素是家庭手工业的逐渐衰亡，它对约曼农的伤害就像今天它对德国农民造成的伤害一样。在坎伯兰，随着纺车停止了转动，约曼农也开始消失了。① 家庭纺织业的衰败对肯特的灰衣汉们造成了很大的影响。最后，由于农田和工业的合并，小城镇和村庄的衰败，这些小自由持有农失去了他们的市场，因为道路很差，他们很难将产品运送到远的地方。因此，小自由持有农存在最久的地方，是在那些他们可以拥有奶牛场的地方，比如坎伯兰和约克西区；还有那些家庭手工业兴旺的地方，以及那些在住所附近有市场以出售产品的地方。

一旦约曼农的队伍出现了显著的削弱现象，其灭亡的过程就会越来越快。幸存者变得孤立无助。当他们出嫁女儿的时候，已经无法找到门当户对的家庭，因此也就变得越来越愿意出卖他们的土地，不管其占有土地的感情有多么的强烈。② 事业心较强的人会离开家园，搬到城镇里以寻求机遇，就像今天的法国人被更有趣和刺激的城镇生活所吸引。罗伯特·皮尔爵士的祖父一开始就是一个在自己土地上耕作的约曼农，但由于其有创新意识，他开始从事棉纺织业和印染业。③ 在小乡绅当中这是一个特别的案例，大部分小乡绅变得越来越穷了，发现自己越来越难以跟得上生活水平提高的步伐。在 17 世纪末就已经出现了一种抱怨，即：地主

---

① 参见 Wordsworth's *Guide to the Lakes*, p. 268。
② 参见 Harriet Martineau's *Autobiography*, ii. 233。里面 Wordsworth 的关于自由持有农和他的树木的故事。
③ Baines, pp. 262, 263。

们都开始搬到各郡的首府去住了。后来,那些更有钱的地主搬到了伦敦。罗杰·德·科弗利爵士在伦敦的索霍区有一栋房子。乡下的小地主感到和自己那些富裕邻居的差别越来越大,而且他完全没有了那种依附于土地的政治权力——因为大地主们将全部的行政权力都掌握在了手中——因此,各种因素都刺激着他卖掉土地,将金钱投资到更加有利可图的方面。

这个运动可以总结如下:很可能由于不可避免的经济原因,约曼农无论如何都会消失一部分。但是仅仅经济原因不会导致他们如此大规模的消失。是当时的政治形势,即土地具有的不可抗拒的重要性,使得约曼农不可能再继续掌握土地。

第六章　1760 年的英格兰：工薪阶层的状况

从 18 世纪初开始，农业工人的状况已经得到了很大的改善。在 17 世纪其平均日工资为 10¼ 便士，而谷物的平均价格为 38 先令 2 便士。在 18 世纪的头 60 年里，其平均工资为 1 先令，谷物的价格为 32 先令。① 这样，由于连续的好年景，谷物的价格下落了 16%，而工资则升高了大约相同的比率，工人因而得到了双重的收益。亚当·斯密将这种繁荣和进步归功于"由于国家巨大且普遍的繁荣，在劳动力需求方面的增长。"②但是，他也承认，财富的增加是缓慢的，绝非迅速增长。其原因在于人口的缓慢增长。财富的增长的确比较慢，但是不管怎样，它的增长还是要比人口的增长速度要快。

工人生活条件的改善是由于实际工资的增加，而不仅仅是名义工资的增加。的确，一些商品，例如肥皂、盐、蜡烛、皮革、发酵酒，因为课税而昂贵了许多，只能由一小部分人消费。但是，这些物品价格的提高，被更多其他商品的低廉价格所抵消，如谷物、马铃薯、芜菁、胡萝卜、卷心菜、苹果、洋葱、亚麻和毛织品、粗金属制

---

① Nicholls, *History of the Poor Laws* (1854), ii. 54, 55, 引自 Arthur Young.
② *Wealth of Nations*, book i. ch. Xi. (vol. i. 211).

品以及日常家具。① 小麦面包已经大量取代了"看起来很可怕"的黑麦和大麦面包,小麦已经与以前的黑麦和大麦一样便宜。② 每一个贫穷的家庭每天都至少喝一次茶——在阿瑟·扬的眼里,一种"有害的商品",一种"邪恶的奢侈品"。③ 他们的肉类消费量"相当可观",奶酪的消费量"非常巨大"。④ 1737 年英格兰按日计酬的临时工,"靠着较高的工资和廉价的必需品",比其他国家的农夫或农场主享有更好的住所、食物和衣服。⑤ 18 世纪中期是他们的黄金时期,虽然不久衰退期就开始了。到 1771 年,他们的生活状况已经开始受到前几年高物价的影响,这些年物价的上升速度远远超过了工资的上涨速度,虽然,据阿瑟·扬所言,这种变化只是减少了他们的多余花费。⑥ 到 18 世纪末,人们已经开始带着遗憾的心情回顾这一时期,将其视之为农业工人历史中一段业已消失的繁荣时代。1796 年艾登写道,自从伊丽莎白统治的第 43 年以后,"由于生活必需品的价格空前飞涨,工人阶级再也无法依靠一天的

---

① *Wealth of Nations*, book i. ch. Viii. (vol. i. 82).

② A. Young, *Farmer's Letters* (3rd edition, 1771), i. 207, 208. 引自 Harte's *Essays on Husbandry*, pp. 176, 177。在北方,食用的仍然只是黑麦和大麦制的面包。(在此世纪初,诺福克的工人们的确还不知道小麦制的面包。)

③ 同上,pp. 200, 297。大部分茶质量很差,还是走私进来的。在 Epsom 的一家人,在两个星期的时间里可以消费四分之一磅茶。——Eden, iii. 710. 进口额增加很大,从 1711 年的 141 995 磅,增加到了 1759—1760 年的 2 515 875 磅。——Nicholls, ii. 59。

④ *Travels in France* (Dublin edition, 1793), ii. 313.

⑤ Chamberlayne, *State of Great Britain* (1737), p. 177. 他说:"最下等的技工和农夫,家里也不缺少银制的汤勺和银制的杯子。"

⑥ *Farmer's Letters*, 203 - 205;也可参考 Eden's *State of the Poor*, i. 384 - 385. 中引自 Howlett 的部分。

工作,取得就像以前那样的一份生活必需品和便利品"。①

他们的有利条件不仅是高工资和廉价食品。他们的小屋由于是建在荒地上的,所以往往不需要租金。每个小屋都有一块附带的土地,②虽然这块地往往非常小,因为伊丽莎白法案规定每个小屋都应该有 4 英亩的土地,毫无疑问,这个法案并未得到遵守,并且在 1775 年被取消了。他们共有的权利除了提供燃料以外,还使他们能够在荒地上养牛、猪和家禽,在休闲地和收割后的残株地里放羊。但是这些权利已经被逐渐地削减,随着将土地合并成大牧羊场的趋势,开始了"一场针对茅舍农的公开战争"。③ 对于那些没有结婚的工人来说,寄宿在农场主的家里已经成为了一种习惯做法。

总的来说,18 世纪中期英格兰南部的农业工人,比他们那些 19 世纪中期的后代,生活要好得多。在萨福克、埃塞克斯和威尔特郡的部分地区,后来的工资实际上低于以前;在伯克郡,工资完全相同;在诺福克、巴克斯、格罗塞特郡和威尔特郡南部,工资有很小的提高;除了苏塞克斯和牛津郡,在特伦特河以南各郡,工资的提高没有超过四分之一的。④ 同时,除了面包以外,地租和大部分必需品的花费急剧增加,而这时大部分工人已经丧失了过去的特权,因此,工人的实际工资减少了。不过,在北部的制造业地区,工人的状况得到了改善。当南部的名义工资平均上涨了 14% 的时

---

① Eden, i.478.
② Farmer's Letters, i.205.
③ 同上, i.301。
④ Caird, English Agriculture, p.513.

第六章 1760年的英格兰：工薪阶层的状况

候,这里的工资平均上涨了66%。在一些地方甚至上涨了200%。在阿瑟·扬的时代,兰开夏农业工人的工资是4先令6便士——是英格兰最低的;在1821年他们的工资上涨到14先令。可以概括地说,特伦特河以南和以北工人的相对地位,在一个世纪的时间里,正好翻转了过来。

在阿瑟·扬的时代,工资最高的地方在林肯郡、约克东区及其附近地区、大都市里和东部各郡。乍一看,头两个郡的高工资似乎与关于南部和北部相关状况的普遍规律相矛盾。但是通过调查我们发现,这是由于不同寻常的客观情况造成的。根据演绎推理的方法,我们会猜想或者是因为劳动力的需求大,或者是劳动力的供给小造成的。事实上,我们发现这两者都有影响。人口的确减少了,在林肯郡从每平方英里64人减少到了58人,在约克东区从80人减少到了71人。这部分是因为圈地和将耕地改变成了牧场,部分是由于约克西区制造业的增加。这样,工人们在被从农业地区驱离的同时,被吸引到了约克西区。对于留下来的工人来说,公共工程方面有着很大的劳动力需求,例如修建收费公路和大规模的农业改良。①

不过,工资存在着许多地域性的变化,其很难根据政治经济学的一般规律加以说明。在同一个郡里往往存在着极大的差异。例如,在林肯郡,工资的差异从12先令3便士到7先令不等,甚至最低到6先令。② 正是在这一时期,亚当·斯密根据其第一原理"人

---

① Young's *Northern Tour*, i.172; Eden, i.329.
② Young's *Eastern Tour*, iv.312-313.

人都追求金钱利益"进行演绎推理,阐明了这样一条法则,即:在同一地方和同一职业里,工资趋向于平等。那么这些变化又是因为什么呢?亚当·斯密自己提供了部分的解答。他的法则假定只有"当社会任其自然发展的时候"才是准确的。① 当劳动力转移的自然趋势被法律限制所改变的时候,他的法则就无效了,比如说居住权法,其结果就是将工人限制在各自的教区里。但是我们不能仅仅在法律限制里寻找这种工资的不规则性。除了上述的干扰因素外,人们并不总是根据金钱利益而行动,还有其他的因素影响着他们的行为。其中最强的一个因素就是对家乡的依恋。正是这种因素,部分地挫败了最近工会试图将东部和南部的剩余劳动力转移到北部的努力。对于大多数未曾受过教育的人们,决定其行为的重要因素还有冷漠和无知。在1872年,德文郡有的工人从来没听说过兰开夏这个地方,在那里他们原本可以挣到两倍的工资。② 人类,就如亚当·斯密所言,"是所有行李中,最难被运输的"。③ 虽然他们相对的移动性依赖于特定时代人们受教育的程度、交通和产业状况。今天的英国工人比起一百年前,移动起来已经大为容易。在像美国这样活跃的新国家里,劳动力的移动性要远大于英国。

　　从农业工人转向从事制造业的工人,我们发现,总体上来说,当时他们的状况与现在相比要差得多。尽管自亚当·斯密的时代

---

① *Wealth of Nations*, book i. ch. x. (vol. i. 104).

② 参见 Heath's *Peasant Life in the West*, p. 94, and Clifford's *Agricultural Lockout in 1874*.

③ *Wealth of Nations*, book i. ch. Viii. (vol. i. 79)

第六章 1760年的英格兰：工薪阶层的状况

以来，资本家和工人之间的鸿沟越来越大了，但是工匠的生活状况已经得到了显著的提高。他们的名义工资已经增加了两倍或者三倍。那时的一个木匠一天挣2先令6便士，现在他一天可以挣5先令6便士。那时一个棉纺织工一周挣5先令，[①]现在是20先令。但是从总体上很难对这两个时期工匠的状况进行比较，因为在过去的一个世纪，已经产生了如此多全新类型的工人，例如，机械师，他们的工会现在已经达到了50 000人，他们每周可以挣到20先令到40先令。而且，如果说工资总体上已经大为增加，但是另一方面，工匠们昔日曾经拥有过的一些明显的好处，这时候已经丧失掉了。因为当时从事制造业的人口大部分仍然住在乡村。工匠往往拥有自己的一小块土地，可以给他提供卫生的食物和健康的娱乐。他的工资和就业也稳定得多。他还未被变化无常的生活所困扰，对折磨其后代的那种可怕的商业波动也一无所知，特别是在引入自由贸易政策以前。因为就像我们所看到的，当时产业的内部生活和现在的完全不同。工人和其雇主之间的关系也亲密得多，以至于在许多行业里，他们不是两个阶级，而是一个。在从事农业的人员中间，农场主和工人也过着相同的生活——因为资本家农场主作为一个阶级这时还尚未形成，他们仍然在同一个桌子上吃饭，学徒期满的工人往往都有希望成为师傅。财富的分配在所有的方面都更加平等。地产虽然已经逐渐开始集中，但是仍然掌握在很多人手中，即使是大地主也没有占有像现在这样的巨额财富。他们没有巨额的矿业财富，也没有飞速发展的城镇地产。大部分

---

① Baines, p.361.

的贸易仍然掌握在小资本家的手里。像制铁业这样需要大量资本的大企业,这时候几乎还未出现。

第七章　重商主义体制和亚当·斯密

　　1760年时英国的产业，与现在英国的产业，两者之间的对比不仅仅是外部状况的对比。在生产方法和生产组织发生革命性变化的同时，人们所持有的经济原理和国家对待私人企业的态度，也都发生了同样激烈的变化。1760年的英国，在很大程度上，仍然处于各种琐碎限制的中世纪产业制度下。这种制度正在衰败，但尚未被现代的产业自由原则所取代。为了理解中世纪制度的起源，我们必须回溯历史，即当国家仍然被看作是一个宗教机构，其目的是囊括人类的全部生活。在这样的一个时代，人们认为国家的职责就是要监管每个人的所有方面，不仅要保护他免遭暴力和欺骗，还要为他提供永恒的幸福。很自然，为了做到这些，国家就要努力保证有一个合法的利率、公平的工资和货真价实的商品。对人们的生活极端重要的事情不能留给偶然的机会和个人的利己心来解决。因为在那时，还没有什么哲学对上帝和自然进行区分；任何乐观的理论也未能调和公私利益之间的冲突。同时，当时的世界和社会还比较小，社会制度也相对简单，这就使得规范人们之间产业关系的努力不像现在这样看起来那么荒唐可笑。

　　这种国家理论，以及由此产生的规范和限制政策，在亚当·斯密著书立说的那个时代，依然对英国的产业发挥着很大的影响。

46 的确，国内贸易是非常自由的，不存在像当时法国和普鲁士那样的地方性关税壁垒，亚当·斯密特意举出这一事实作为英国之所以繁荣的主要原因之一，而且，对于柯尔柏和施泰因，以及其他英国制度的崇拜者来说，这种自由正是他们不断努力追求的理想。但是，国内贸易虽然对于商品流通来说是自由的，但在劳动力和资本的流通上，仍然存在着一整套严密的限制措施。根据学徒法，① 任何人在七年的学徒期满之前，都不得正式从业。诚然，该项法律的施行被限制于伊丽莎白女王第五年已经确立的各种行业，也只是在市镇和城市里流行。但是，在凡是有自治市市政法人团体存在的地方，因为其所施加的限制措施，除非是一名在该城镇享有市民权的市民，其他人不得在此工作，而他如果想获得市民权，根据惯例，就要从学徒做起。市政当局监督商品的价格和质量。小制造商在大厅里售卖他们的货物，所有出售的商品都要接受检查。国家应该保证商品的品质，这种中世纪的观念仍在流行。不能把辨别商品的品质这种事情留给消费者去做。并且在中世纪，当人们年复一年地使用着同一种东西的时候，毫无疑问，适当的监督可以确保优良的产品。但是，随着贸易的扩展，这种做法就不再是有效的了。约书亚·柴尔德爵士已经认识到，时尚的变迁对其有致命的打击，并且，一个想和全世界做生意的国家就必须制造各种品质的商品。② 但是，需要加以监督的这种观念，其消亡是缓慢的，直到乔治二世统治时期，还通过了进行监督的新法案。

---

① 5 Eliz.,c.4.
② *On Trade*,p.131(ed.1692).

第七章 重商主义体制和亚当·斯密

现在还不清楚,这种对资本和劳动力流动的限制产生了多大的作用。毫无疑问,在很大程度上,它们是成功的。但是当亚当·斯密对市政法人团体提出激烈批评的时候,[①]他也许想到的是格拉斯哥这个特殊的例子,在那里,瓦特被禁止营业。不过,即使是在那个时候,也有许多自由的城镇,例如伯明翰和曼彻斯特,它们的繁荣很大程度上得益于它们的自由。而且,如果艾登的话是可信的,甚至在那些拥有特许状的城镇,其限制措施也远没有亚当·斯密所说的那样严厉。[②] 他说:"我相信,一名没有经过学徒期的制鞋匠,就像其可以免遭曼彻斯特的地方长官和伯明翰警察的干扰一样,在布里斯托尔和利物浦,也可以不受当地市政当局的骚扰,安心地从事自己的工作。"在引用和批评了亚当·斯密的话之后,他又说道:"我承认,我非常怀疑,现在在英国还有哪个市政当局以这种方式来行使其权力……其他许多地方和这个例子一样,社会这种不知不觉的进步已经使特许权不再起作用了。"[③]我们可以下结论说,那些没有市民权的人并不总是受到骚扰,但是,当商业情况恶化的时候,他们很容易受到驱逐。

中世纪精神的另外一项残留就是通过治安法官对工资进行规范,这是前面提到的伊丽莎白女王的法案所规定的一项措施。亚当·斯密认为它是富人对穷人进行压迫的整个制度中的一部分。

[①] *Wealth of Nations*, book i. ch. x. pt. ii. (vol. i. 125).
[②] 在那些拥有特许状的城镇中,各种限制措施之所以能够维持,主要是因为这样一种情况,即,那些非国教徒,其中包括最富有的商业阶层,不仅从法律上,而且实践中也很大程度上,在这些特许城镇中被排斥在公职之外。
[③] *State of the Poor*, i. 436, 437.

不管在某些情况下，事实到底如何，但是总的来说，他的说法并不正确。一般情况下，乡绅们总是急于为工人阶级主持公道的。工人们的结社被法律所禁止，是因为这被看作是为了达成目的而采取的错误做法。而不是为了急于压低工资。治安法官们经常命令提高工资，工人们也强烈支持这种确定工资的方法。事实上，今天我们也有着十分相似的制度，就是仲裁委员会。法官就是由法律所任命的仲裁者。认为这种政府的管理措施在当时也许是不好的，这种看法是不对的。

这种管理的原则，其应用于我国的对外贸易要比国内贸易彻底得多。对外贸易全部是由大特许公司经营的，不管它们是像东印度公司这样的联合股份公司，还是像土耳其公司这样的"受管控"公司，公司里的每个人都是以其自己的资本从事贸易。① 在这里，亚当·斯密再次对这种限制制度提出了过分的批评，以至于认为公司贸易这种做法在原则上也是有害的。"这些公司的主管们，"他说，"管理着别人而非自己的金钱，因此很难期望他们能够像私人合伙的合伙人照管自己的金钱那样，同样谨慎地照管别人的金钱……，在管理这样的公司的过程中，肯定免不了会有许多的疏忽和浪费。"② 这是一个纯粹的先验的推理，但是，亚当·斯密的主要论据是从联合股份公司的历史中得出来的。他努力想证明，事实上，如果联合股份公司不能够拥有垄断权，就会失败。他通过归纳，得出了这样一个经验性的法则："看起来所有的经验都表明，

---

① Wealth of Nations, book v. ch. i. pt. iii. Sec. i. (vol. ii. 317, et seq.)
② 同上, vol. ii. 326, 329。

第七章 重商主义体制和亚当·斯密

如果私人冒险家在任何领域都可以与联合股份公司进行公开、公正的竞争,联合股份公司在对外贸易的任何方面都难以获得成功。"[①] 不过他太诚实了,不得不承认对他的法则来说也有例外,比如说银行业,对此他解释说,银行业属于那种普通的日常业务。

我们都知道,亚当·斯密的这个经验性法则远远不是普遍正确的,虽然它在被提出来的时候是经过合理的归纳的。自那时以来,许多的股份联合公司已经取得成功,例如在制铁业。这种变化的原因并不难于理解。联合的习惯比过去更加强大了,而且,我们还知道了如何使员工对他们管理的企业更加关心,那就是让他们也分享一份企业的成果。经验还表明,大公司可以购买到最好的大脑(意即最优秀的人才)。在最近的商业萧条中,只有道莱斯的钢铁厂,这家以联合股份制经营的企业,在周围众多的破产企业当中成功地生存了下来,因为他们拥有这个地区最能干的管理者。

但是,在亚当·斯密的时代,联合股份公司的存在,并非是因为其经济理念很先进,而是因为对私人企业加以限制的倾向,其依据的理念就是公私利益之间的对立,这是那个时代的特点。在国际关系中,这种相对立的观念同样很流行。一个国家的繁荣被认为是和另一个国家的繁荣不相容的。如果一个国家从贸易中获利,其邻国就要为此付出代价。这种理论就是重商主义的基础。其根源就是民族主义精神——自足和完整的国家生活理念——这是随着文艺复兴和宗教改革而出现的。

但是,这种民族主义,与强调金银特别重要这种信念——这一

---

① *Wealth of Nations*, p.331.

点普遍被看做是重商主义的本质特征,是如何联系在一起的呢?这种体制的目的就是国家的强大,但是,国家的强大依靠的是国家总的财富,而不仅仅是依靠某种特殊种类的财富,例如货币。因此其原因就必须从历史事实当中寻找,由于贸易和金融制度的同步发展,金银对于商业机构变得特别重要。而且,随着常备军的发展,国家财政具有了新的重要性,国家财政的目标就是保证贵金属的充足供应。这样就兴起了一种理论,即:一个国家最可靠和有持久力的流动资产就是金银,而且,因为它们在使用中比其他任何商品都更有价值,所以任何国家都应该尽全力贮藏大量的金银。一开始,政府为了达到此目标采取的手段就是积累库藏的金银,不过,很快就证明这种政策太浪费也太困难。于是,政府将注意力转向了增加人民手中的金银数量,因为它认识到,如果国内有充足的金银,在需要的时候,它随时可以利用它。因此,金银的输出是被禁止的。不过,如果说贮藏的方法证明是行不通的,那么不久就发现这种新方法也是无用的,因为这种禁令可以被轻而易举地规避掉。因此,政府的最后一招,就是努力确保通过正常的贸易渠道,贵金属源源不断地流入。其根据就是,如果我们买的少于卖的,贸易差额一定是以货币来支付。为了达此目标,其采取了各种措施来鼓励原材料和生活必需品的进口,但是,对于大部分外国制成品的购买是禁止的,并且,要求个人不要购买进口的奢侈品。这样做的结果就是外国的报复和贸易陷入僵局。关税斗争是很普遍的。举个例子,我们禁止从弗兰德尔进口金花边(一种纺织品),作为回应,弗莱芒人就拒绝进口我们的羊毛。尽管在废除金银输出的禁令方面,政府事实上已经承认了东印度公司提出的自由贸易原则,

第七章 重商主义体制和亚当·斯密

但坚持重商主义的人仍然拒绝接受经验教训。东印度公司争辩说，禁止金银输出的法律，由于走私的存在，不仅是无用的，而且如果强制实行，还是有害的，因为东方人在出售他们的贵重商品时，只肯接受白银。这种争辩的成功，标志着重商主义向现代保护主义的全面转变。重商主义的提倡者们改变了立场，不再仅仅试图禁止贵金属的输出，而是建立了对本土产业的全面保护。

他们的措施也并非同样的有害。例如，亚当·斯密就曾为航海条例进行辩护，穆勒也支持他的这种辩护，理由是国家的防务比国家的富裕更加重要。①

在这些航海条例中，最著名的是1651年的法律，②根据这一法律，除了用属于英格兰公民的船只，且船员的四分之三为英格兰人，所有亚洲、非洲或美洲的农产品或制成品不得输入英格兰、爱尔兰，或者英格兰的各殖民地。另外，欧洲任何国家的商品，除非用英格兰的船只，或者商品输出国本国的船只，不得输入英格兰。这一法律的提出者，其理由是：通过将荷兰人从英格兰的运输业中排除出去，可以将这些业务放到英格兰船主的手中，英格兰的船只会因此而增加。他们承认，这一政策将垄断权给予了英格兰的船主和船员，因此运费会更高，贸易的发展会受到阻碍。他们也承认，由于运费高，在中立国的港口，英格兰的船只也许会被排斥出去。但是，他们争辩说，我们必须将美洲和西印度群岛与英格兰之间的航运业控制在我们自己手中，这样做就足以补偿我们在其他

---

① *Wealth of Nations*, book iv. ch. ii. (vol. ii. 38); Mill's *Principles* (first edition), book v. ch. x. (vol. ii. 485).

② 从亨利七世时代以来，就有了初步的航海条例，有时严格有时松懈。

贸易领域被驱逐所遭受的损失。

总的来说,这些期望得到了实现。运费的价格提高了,因为英国船只的建造费用和船员的工资都高于荷兰船只,这样,我们的总贸易额减少了。① 在中立国的港口,我们被赶了出来,失去了在俄国和波罗的海的贸易,因为英格兰的船主们,由于我们给予了他们垄断权而提高了他们的运费价格。② 但是,另一方面,我们垄断了条例所涉及的港口的贸易,这样做的主要目的就是将殖民地的贸易保持在我们手里。③ 我们的航运业受到了强烈的刺激,我们的海上霸权也随之形成。在航海条例通过之时,我们的殖民地贸易还微不足道。纽约和泽西还在荷兰人手中;佐治亚、卡罗来纳、宾夕法尼亚、新斯科舍还尚未殖民;弗吉尼亚、马里兰、新英格兰还处于起步阶段。④ 但是在这一世纪末叶,仅仅巴巴多斯一地就有 400 多艘船,同时,随着殖民地的成长,英格兰在海上的势力已经提高到了可以与荷兰相匹敌的程度。在下一个世纪,美洲和东印度殖民地贸易的不断发展,使我们拥有了无可置疑的海上霸权。⑤

在保护主义的早期阶段,还有一种观点支持它。即保护主义的刺激,有助于克服纯粹农民所特有的那种冷淡和迟钝,将一部分人吸引到贸易中去。⑥ 但是在这里,和在其他地方一样,保护主义

---

① Anderson, ii. 443 - 444; *Wealth of Nations*, book iv. ch. vii. (vol. ii. 179); Child, *On Trade*, p. 93 (ed. 1692); *Britannia Languens* (1680), 66; Richardson (1750), 52.

② Child, p. 93 (ed. 1692).

③ Anderson, ii. 416.

④ *Wealth of Nations*, loc. cit.

⑤ Payne's *History of the Colonies*, 78.

⑥ Mill's *Principles of Political Economy*, i. ch. 8, § 2, p. 141.

有着一个很重大的缺陷,那就是,一旦实行了,就很难再撤销,这样到了最后,结果是弊大于利。如果没有保护主义政策,英格兰的工业不可能发展得如此迅速,但是一旦确立了这种制度,就会在相竞争的产业领域引发无休止的纠纷,而且,为了我们的大制造业者,牺牲了印度和其他殖民地的利益。当对这种制度进行深究细查的时候,我们对保护主义的反感就加深为了厌恶。我们看一看从1688年到1776年,保护主义处于全盛时期,其所产生的后果,我们不得不承认,亚当·斯密对商人们的抨击虽然很猛烈,但是并非言过其实。

　　保护主义政策的维持,不能完全归咎于商人们。商人阶级虽然在光荣革命中获得了很大的影响力,地主阶级在议会里仍然掌握着最高权力。这样,问题就产生了,为什么他们愿意支持一种在很多情况下都明显违反农业利益的政策?例如禁止羊毛的出口。亚当·斯密的解释十分简单。在所有人当中,乡绅在本性上是最不受可悲的垄断精神支配的,但是他们被"商人和制造业者的吵闹与诡辩",以及"下等商人的狡猾手段"所欺骗,他们说服他,使他单纯而又真诚地相信,是他们的利益而非他的利益,才是公众的利益。① 这种情况是真的,但还并非全部实情。毫无疑问,地主们虽然并不了解详情,但认为保护商业是他们的责任,他们盲目地遵循着商人们的教导。但是,除了这些,前面已经提及,在他们和商人阶级之间存在着密切的联系。他们的小儿子常常从事商业,在很多情况下,他们自己娶的也是商人的女儿。此外,他们也并非无偿

---

① *Wealth of Nations*, bk.i.ch.x.; bk.iv.ch.iii.(vol.i.134; ii.34,68.)

地给予支持,他们也为自己设立了保护政策。如果说在禁止羊毛出口这个问题上,地主们采取了默认的态度,作为回报,他们则说服商人们同意,在谷物出口上,允许他们每夸脱得到5先令的补助金。

这种制度最坏的特征之一就是国内不同利益者之间的斗争。这方面一个著名的例子就是毛纺业和棉纺业之间的斗争,在这场斗争中,由于前者得到了地主阶级的支持,①在很长时间里都一直占据上风,印花棉布被课以消费税,1721年则完全被禁止销售。直到1774年才又重新允许销售,其被征收的消费税直到1831年才被取消。再举一例,1750年有人在议会提议,允许从殖民地进口生铁和条铁。制革工人立即请愿反对,理由是如果进口美洲的铁,英国铁的生产量就会减少,树木的砍伐量也会相应减少,因此他们的行业就会受到影响。林地的所有者也支持制革工人,以免他们木材的价格受到影响。② 这都是些典型的例子,在这种保护主义制度下,政治由于这种错综复杂的商业利益关系而变得复杂和堕落。而且,政府越自由,其从人民方面所受的压力就越多,结果就会越坏。就像一位美国观察员最近所说的,保护主义在专制制度下,其效果也许还不错,但是在共和制度下是绝不会成功的。

在我们对待爱尔兰和殖民地的政策上,我们可以发现关于保护主义罪恶的更加有力的例证。克伦威尔平定爱尔兰后(1649—

---

① 在 *True Representation of the Manufacture of the Combing and Spinning of Woll* (Bib. Bodl.; n.d.)一书中,作者认为,印度棉纱的进口,将会阻碍羊毛的大量消费,那些租地主土地养羊、生产羊毛的佃农们不得不低价销售他们的羊毛。

② Scrivenor, pp.73,74.

第七章 重商主义体制和亚当·斯密

1653年,克伦威尔的军队在残余议会的支持下,镇压了爱尔兰的武装反叛,并通过了相应的法案,对起义者及其相关人员进行了严厉的惩罚,包括死刑和没收财产。——译者注),爱尔兰曾向英格兰出口牛,"但是为了抚慰我们那些拥有地产的绅士们,"[①]王政复辟后,在1660年至1685年间,禁止进口爱尔兰的家畜、肉类和乳制品。因为养牛变得无利可图,爱尔兰人将他们的土地改成了牧羊场,不仅出口羊毛,还在本地开始了毛纺业。于是1699年立即通过了一项法律,将爱尔兰的羊毛出口限制在英格兰的市场,接着在他们的毛纺织品上施加了禁止性的关税。英格兰的制造业者争辩说,因为爱尔兰是受英格兰保护的,它的繁荣是由于英格兰的资本,因此,为了英格兰人的利益,爱尔兰人应该甘心接受对其商业所施加的限制。此外,他们还认为,如果英格兰和爱尔兰分别垄断了毛纺业和亚麻工业,两个民族相互依存,就能最好地实现两个王国的共同利益。如果我们再看各个殖民地,我们会发现它们仅仅被看作是母国的市场和农场而已。在这里还是相同的论点:他们的一切都要归功于英格兰,因此为了英格兰的利益而剥削他们并非暴政。因此,除了用英国的船只,他们既不准出口也不准进口商品。除了向大不列颠,他们不可以向任何其他欧洲国家出口英国人想要的商品。而这些殖民地的原材料,由于我们的地主害怕出现竞争,不准其输入到英国市场。除了大不列颠,其他欧洲国家不准向我们的殖民地出口商品,为的是使我们的制造商可以独占美洲市场。此外,还采取了各种方法阻止殖民地开办自己的制造业。

[①] Anderson, vol. ii, p. 507.

17世纪末,一些美洲殖民地人民开始建立毛纺织工业,而这在1719年就被禁止了。所有的制铁业,甚至制钉业,都被禁止。殖民地的制帽业繁荣起来,但是,在英格兰制帽商的请愿下,这些竞争者不得将商品出口到英格兰,甚至不能从一个殖民地销往另一个殖民地。亚当·斯密说得好,"建立一个大帝国,其唯一的目的就是可以拥有一批作为顾客的人民,乍看上去,这样的一个方案,只适合于一个全是小店主的国家。"① 没有什么比这种商业制度对《独立宣言》贡献更大了,值得注意的是,在《独立宣言》发表的同一年,《国富论》也出版了。

许多人在初读《国富论》的时候,都会感到失望。他们希望看到的是明晰的论证和对普遍法则的明确揭示,但是他们发现的却是许多冗长、复杂的推理和一大堆只能引起一时兴趣的事实。不过正是这些缺点使得其马上就大获成功。这是因为亚当·斯密详细地检查了当时的实际状况,从而为政治家写出了一本指南,而不仅仅是像杜阁那样,只是为哲学家写一篇系统化的论文。他强烈地吸引了他那个时代的实践家们,这些人,其中就包括皮特,赞扬他"知识的广博详细"和"哲学研究般的深度,"正是这两者的结合给予了他力量。在这一主题上,他是第一个伟大的作者,正是跟着他,政治经济学从交易所和市场走进了教授的书房。但是,他也只是正在探索,我们不能期望在他的书里看到整齐的安排和科学、准确的处理。他的语言是尝试性的,有时候他在这个地方做出区别,在另外一个地方就忘掉了,在经过无数次讨论,将这些经济学术语

---

① *Wealth of Nations*, bk. iv. ch. vii. Pt. iii. (vol. ii. p. 196)

第七章 重商主义体制和亚当·斯密

确定下来之前,这种情况是不可避免的。他没有李嘉图那种抽象推理的能力。他的天赋在于广泛和敏锐的观察,以及他精彩恰当的举证。我们研究他,是因为在他身上,和在柏拉图身上一样,我们接触到了一颗伟大的、具有独创性的心灵,它教育我们如何去想,如何去做。

具有独创精神的人们,因为是在摸索前进,所以常常感到迷惑。

如果我们寻找亚当·斯密的基本思想,即他与以前的作者最显著的区别,最先打动我们的,就是他的世界主义。在信仰上,他是科布登的先驱,他认为,商业不是一国的商业,这个世界上所有的国家都应该被看作是一个大的共同体。仅仅比较一下他的著作和托马斯·孟著作的题目:《国富论》与《英国得自对外贸易的财富》,我们就可以看到亚当·斯密离开经济学的旧的国民体系有多远了。这种世界主义,需要对重商主义制度进行详尽的批驳。他必须证明,金银并不比其他形式的财富更为重要,如果我们想购买金银,只要我们有其他可供交换的消费商品,我们随时都可以买到。不过它可能遇到这样的反对意见:"如果一个国家拒绝接受你的其他商品,只要你的黄金,怎么办?"亚当·斯密回答道:"在这种情况下,黄金会离开你的国家,流到海外。结果,国内的物价就会下跌,外国人就会被低物价所吸引,到你的市场上购买商品,这样,黄金就会重新回到你的国家。"我可以从最近期的历史中举出一个真实的例子,来证明其演绎的正确。在1847年的马铃薯饥荒中,我们不得不从美国进口大量的粮食,结果,不得不将价值16 000 000英镑的金条运往美国。立刻,美国的物价上涨,英国的物价下跌,英国的商人不再在美国购买商品,而与此同时,美国的商人则在英国大量购买,这样,在第二年,所有的黄金就都回来了。

在亚当·斯密的思想中,同样重要的是他的个人主义,他对个人利己主义完全和毫不犹豫的信任。他是将利己主义作为社会一大纽带的第一人。作为一个敏锐的观察者,他能指出若干事实,这些事实看上去似乎可以证实他的信条。我们一旦承认了劳动分工的原理,就可以得出这样的结论:一个人只有发现了其他人的需求,才能生存下去。例如,伦敦的食品供给就是依赖于这样的事实。这就是自由放任学说的基础。它意味着竞争,亚当·斯密相信,这种竞争的结果是人们的需求会以最小的成本得到供给。在支持竞争这一点上,他与以前的作者们是根本对立的,他们将竞争看作是一件可憎的事情。亚当·斯密的结论是完全正确的。这种竞争又意味着产业能够得到最好的分布,因为在一个自由竞争的制度下,每一个人都会在最适合的地方经营其产业。

但是,自由放任原理在一些亚当·斯密没有认识到的地方出现了问题。例如,该原理假定,以最好的方式供给消费者的需求符合生产者的利益,生产货真价实的产品符合生产者的利益,这样的假定就不正确了。的确,如果生产商牌子老、声誉好,或者消费者有足够的知识来鉴别商品是否货真价实,上述的假定是正确的。但是,在现代商业中,这种情况很少。现在的产业主要依靠借贷资本经营,在几年内卖出尽可能多的商品,然后就停止经营,也许才符合一个聪明人的利益。这样,生产者和消费者的利益就发生了冲突,人们发现需要制定各种"防止伪造法案",这些法案承认卖者和买者的利益是不一致的。的确,当这些法案在议会里被提出来时,有人争辩说,消费者应该注意维护自己的利益,但是消费者对此太不了解,无法自行注意到,特别是穷人,他们是伪劣商品的一大消费群体。而且,亚当·斯密也没有预见到,国内的自由贸易会自然地导致垄断。我们时代的一个显著特点就是一些产业集中到了少数大资本家手中,特别是在美国。在那里,实际是这样的小集团控制了市场的价格。例如,宾夕法尼亚85%的煤矿控制在六个或七个采取联合行动的公司手里。对付这种垄断最简单的办法就是国际范围的自由贸易,随着国际间的竞争,垄断很少能够维持下去。最后,在财富的分配上,永远存在着利益间的对立。亚当·斯密自己也看到了这一点。他指出,工资的高低取决于利益并不一致的双方签订的契约。如果承认这一点,我们就会看到,在分配上,个人利益和公共利益的"和谐"只是一个臆想。现在工人中各个阶层关注的只是自己同伴工资的多少。因此,在工资问题上,自由放任制度是彻底失败的。我们被迫尝试着在全国范围内建立调解委员会,事实上,这就是放弃了自由放任的原则。此外,利己主义也并不总是倾向于供给我们所有的需求。一些我们最好的机构,例如医院,它们的存在就要归功于利他主义情感。① 自亚当·斯密所处的时代以来,这种对立已经变得更加强烈。甚至在他的那个时代,就已经存在这种黑暗的斑点了,而我们现在走向的是一个更加黑暗的时期,这一时期的不幸和可怕是任何一个国家都从

---

① 关于这一主题,可参看 H. Spencer's *Essays on Specialised Administration and the Social Organism*,和 Professor Huxley's *Essay on Administrative Nihilism*。

未经历过的,因为,在财富大量增加的同时,贫困也剧烈地增加。作为自由竞争的结果,大规模生产导致了阶级间的分离和大批生产者的堕落。

第八章　革命的主要特征

产业革命的本质,是以竞争取代了以前控制着财富的生产和分配的各种中世纪规章制度。因此,它不仅是英国历史上最重要的事件之一,而且也促进了欧洲两大思想体系的发展——经济科学和其对立面,社会主义。在英国,经济科学的发展有四个主要的里程碑,分别与四个伟大的英国经济学家的名字联系在一起。第一个里程碑是1776年亚当·斯密《国富论》的发表,在这本书里,他研究了财富的各种起因,致力于以产业自由代替过去的限制制度。亚当·斯密主要关注的是财富的生产,而非人类的福祉。用他的话说,就是"每个国家政治经济学的主要目标是增加这个国家的财富和权力。"① 他的这本伟大的著作出现在产业革命前夕。马尔萨斯的《人口论》标志着经济科学发展的第二个阶段,该书发表于1798年,可以被看作是当时已经达到高潮的产业革命的产物。亚当·斯密将他的全部注意力集中在大规模生产上,而马尔萨斯则研究贫困的原因,而非财富的原因,并且在他的人口理论里找到了这些原因。李嘉图的《政治经济学及赋税原理》标志着第三个阶段,该书发表于1817年,在书中李嘉图努力要查明的是财富的分

---

① Vol.i.bk.ii.Ch.v.p.377.

配法则。亚当·斯密已经说明了在产业自由的制度下,财富是如何被生产出来的;李嘉图则告诉大家,在这样一个制度下,财富是如何被分配的,在他的这个时代之前,没有人会想到这个问题。约翰·斯图亚特·穆勒的《政治经济学原理》标志着第四个阶段,该书出版于1848年。穆勒声称,"他的专著的主要价值"就是在生产法则和分配法则之间做出区分,他致力于解决的问题是财富**应该**怎样被分配。穆勒想告诉大家,在自由竞争的制度下,哪些是不可避免的,哪些是可以避免的,在这方面他做出了很大贡献。在他的著作中我们可以看到,作为对立制度的社会主义已经开始对经济学家产生影响。穆勒著作的整个精神,与此前英国所有经济学著作的精神都是非常不同的。它虽然重申了李嘉图的体系,但是它承认,财富的分配是"特殊社会安排"的结果,而且它还承认,仅仅只有竞争,是不能够成为令人满意的社会基础的。

由亚当·斯密宣布,并为李嘉图和穆勒视为理所当然的竞争,现在仍然是我们这个时代具有支配性的理念。虽然自从《物种起源》的出版以来,我们更多的是在"生存竞争"的名称之下听到它的。我希望在这里,大家能够注意到关于这个主题现在议论中的一些错误。首先,一些人认为所有的竞争都是生存竞争。这是错误的。仅仅为了生存而斗争,和为了某种特殊的存在而斗争之间有着巨大的差别。例如,12个人竞争某一职业的8个就业岗位,4个人会落选,但是他们并非因此而无法生存。许多竞争仅仅决定了一个人要去干何种工作。[①]当然,当一个人只能干一种工作的时

---

① 保护主义者错误的根源,就在于不能看到这一事实。

候,这很容易变成赤裸裸的生存竞争。其次,认为这种生存竞争是一项自然法则,所以,所有对它的人为干涉都是错误的。对此我的回答是,整个文明的含义就是对这种野蛮竞争的干涉。我们想改正这种暴力斗争,阻止弱者受人践踏。

毫无疑问,竞争有它的用处。没有竞争,任何进步都是不可能的,因为进步主要来自外部,外部的压力迫使人们去努力奋斗。但是,社会主义者认为,竞争所带来的益处,是以人类生命和劳动的巨大浪费为代价而获得的,如果加以规范,这种巨大的浪费本来是可以避免的。但是,在这里,我们必须对生产领域和分配领域的竞争加以区分,这种不同在现在立法中已经得到了承认,这在一方面扩大了契约的范围,而在另一方面又缩小了契约的范围。人们在生产领域的竞争对共同体是有益的,为分配共同产品而斗争就不是这样了。强者将根据自己的意志来制定契约的条款。事实上,在竞争的早期阶段,资本家曾全力压迫工人,将工资压低到饥饿点。这种竞争必须被制止,在历史上,这种竞争从未能够长时间存在,结社或者立法,有时候两者一起,改变了这种竞争。在英国,这两种补救措施都发挥了作用,前者是通过工会,后者是通过有关工厂的立法。在过去,其他的补救措施也发挥了作用,依靠治安法规定工资的真实目的就是为了制止竞争的弊害,这种做法在李嘉图看来却是一种旧制度暴政的残余,为的是强者的利益。我们现在知道,竞争就其本身来说既不好也不坏,它是一种必须加以研究和控制的力量。它就像是一股水流,我们必须观察其力量和流向,修筑堤坝于其中,使它的流动对我们无害而有利。但是在我们研究它的这个时期,它已经被奉为福音,且被追认为一种必需的理念,由普遍的、无限制的竞争这一假定所推理出的各种经济法则,已经被转化为了实践中的规则,而对这些规则的背离,几乎被认为是不道德的。

就产业革命的事实而言,首先触动我们的是人口极其迅猛的增长速度。我们通过不完整的材料计算可知,在1751年以前,每十年的人口增长率最大的数字是3%,而在接下来的30年里,每十年的人口增长率为6%,1781—1791年是9%,1791—1801年是11%,1801—1811年是14%,1811—1821年是18%,① 这是英国迄今为止达到的最高数字,因为,自1815年以后,大量的对外移民常常减慢了这个数字。在1815年和1880年间,超过800万(包括爱尔兰人)离开了我们的海岸。否则,我国每十年的人口增长率将会是16%或18%,而不是12%。②

接下来,我们看一下农业人口相对和绝对的减少。1811年农业人口占大不列颠总人口的35%,1821年占33%,1831年占28%。③ 与此同时,它的实际数字也减少了。1831年,在大不列颠从事农业工作的成年男性有1 243 057人,1841年有1 207 989人。1851年,在英格兰从事农业的人口总数是2 084 153人,1861年是2 010 454人,1871年是1 657 138人。④ 伴随着这种变化,人口密度的中心由中部转移到了北部。现在,特伦特河以北各郡每

---

① 1806年,R. Peel 爵士曾谓:"在棉纺业,机器(的应用)产生了新的人口;它将人们生活的舒适度提高到了这样的程度,以至于早婚流行,人口因之大量增加,而且我可以说,他们生育出来的是一种前所未有的新人类。"——Parl. Report, p. 440.

② 参见 Jevons on *The Coal Question*, p. 109; Census Returns for 1881, pp. iii, xi.

③ Porter's *Progress of the Nation* (2nd edition, 1847), p. 52.

④ Porter, pp. 61, 65. Kolb's *Condition of Nations*, 由 Mrs. Brewer 翻译, p. 73。

第八章 革命的主要特征

平方英里有458人,特伦特河以南只有312人。最后,我们还要说一下英格兰和爱尔兰相对人口的变化。在三个地区的总人口中,爱尔兰在1821年占32%,1881年只占14.6%。

在18世纪末这场伟大的产业变革中,农业革命和制造业领域的革命发挥了同样重要的作用,但是我们的注意力往往集中于后者。因此我们下一个要研究的就是:农业上什么样的变化,导致了农业人口如此显著的下降?三个最主要的原因就是:共有地耕作制度的解体;大规模圈围共有地和荒地;小农场被合并为大农场。我们已经看到,在1710年到1760年间,大约300 000英亩土地被圈围,1760年到1843年间,将近7 000 000英亩被圈围。与圈地制度紧密相关的是大农场取代了小农场。18世纪上半叶,劳伦斯虽然从经济的观点支持农场的合并,但是认为,圈地的地主因为驱逐别人而招致的憎恨,会对圈地发生强烈的抑制作用。① 但是这种顾虑现在已经消失了。艾登在1795年曾指出,这种变化一直在不间断地进行着,与之伴随的经常是将可耕地转变为牧场。他还告诉我们,在多塞特郡的某一个村庄现在有两个农场,而在20年前这里有30个。② 这种进程一直不停地进行到现在。科贝特在1826年写道:"在伯格克莱教区(英国汉普郡的一个小村庄),一个农场主从卡那封勋爵手中租赁了一个农场,而据这里还活着的人回忆,他这个农场的土地是由以前的14个农场组成的,14家农户依靠这些土地过着一种体面的生活。"③ 农场的合并减少了农户的

---

① *Duty of a Steward*, pp.3,4.
② *State of the Poor*, ii. pp.147,148. 亦可参看 p.621。
③ *Rural Rides*, ed.1830, p.579.

数量，同时，圈地又将工人驱离了土地，因为对于他们来说，没有了在共有地上放牧羊和鹅的权利，他们就无法在这里生存下去。

不过，虽然这些变化给农村居民造成了沉重的打击，但是，毫无疑问，从农业的角度来看，它们使其得到了明显的改善。它们意味着科学的耕作代替了不科学的耕作。劳伦斯说："根据长时间的经验可以发现，共有地或者敞田对于公共利益是巨大的阻碍，对于每一个想对自己的土地进行改良的人，也是巨大的障碍。"圈地带来了可耕地面积的扩大和劣质土地的耕作。一个 40 到 100 英亩的小农场，土地常被反复的谷物种植耗尽了地力，农场的建筑是由黏土和黄土建成的，四分之三的土地经常浸泡在水里，①合并成 100 到 500 英亩的大农场，意味着可以实行作物的轮作，拥有 19 年的租期和好的农场建筑。这一时期是一个农业大发展的时期：家畜的品种得到了改良，作物的轮作被普遍采用，蒸汽犁被发明出来，农业协会被建立起来。② 这种变化只有一点是有害的。在对法战争期间，由于粮食价格高涨，一些最好的永久性牧场被破坏了。尽管如此，1813 年的粮食产量比前十年增加了四分之一，并且，在这之前，粮食产量的增加已经持续了一代人的时间。③

至于制造业，我们发现最突出的事实是工厂制度取代了家庭手工业制度，这是这个时代各种机械发明的结果。四项伟大的发

---

① Kebbel's *Agricultural Labourer*, pp. 207, 208.
② 1777 年成立"北部和西部英格兰协会"(The North and West of England)；1784 年成立"高地协会"(Highland Society)；1793 年成立"农业委员会"(the Board of Agriculture)。
③ Committee on the Corn Trade (1813). 参见 Porter, p. 149。

第八章 革命的主要特征

明改变了棉纺织业的特色：珍妮纺纱机，哈格里夫斯在1770年申请的专利；在其一年前，阿克莱特发明的水力纺纱机；1779年克伦普顿发明的骡机；1792年首先由凯利发明的自动式骡机，但是这种机器在1825年罗伯茨进行改进之前，一直没有投入使用。[①] 仅靠这些发明自身是不会引起工业的革命性变化的。但是在1769年——拿破仑和威灵顿出生的这一年——瓦特获得了蒸汽机的专利权。16年后它被应用到了棉纺织行业。1785年，博尔顿和瓦特为位于诺丁汉郡帕珀威克的一家棉纺场制造了一台蒸汽机，并且就在同一年，阿克莱特的专利权到期了。这两件事合在一起，标志了工厂制度的开始。但是，在所有发明中最为著名的，也是对家庭手工业造成最致命打击的发明，是动力织布机，虽然在1785年卡特莱特就已经申请了专利权，但是若干年后才投入了使用。[②] 在动力织布机投入使用之前，工人们几乎没有受到什么伤害。事实上，一开始，由于机器的使用给棉纺织业带来了巨大的繁荣，纺工和织工的工资都提高了。在15年的时间里，棉纺织业扩张了三倍，1788年到1803年被称为它的"黄金时代"。这是因为，在动力织布机使用之前，骡机和其他用于纺纱的机械改良已经开始投入使用，开始生产出能够织造细棉布的好纱，以及其他各种各样的纱，因而它的需求激增，"各种各样的旧谷仓、车棚、附属建筑物经过维修，在光秃秃的墙上开窗户，使之改造成纺织车间，到处都是纺织工新建的带有纺织车间的小房子，每个家庭每周都能为家里挣得

[①] Baines, *Passim*.

[②] 在1813年，只有2400台在使用；1820年，14 150台；1833年，超过100 000台。Baines, pp.235-237。

40 到 120 先令。"① 到了后来,工人们的情况就大不一样了。同时,由于煤炭炼铁法的发明并于 1740 年至 1750 年间投入使用,以及 1788 年蒸汽机在鼓风炉上的应用,冶铁业也发生了革命性的变化。在此后的八年间,铁的产量几乎增加了一倍。②

工厂制度的进一步发展与机器无关,而是由于商业的扩张,而这种扩张是由于当时交通方式的巨大进步。运河系统在全国范围迅速发展了起来。1777 年大干线运河完工,长 96 英里,连接了特伦特河和默西河。赫尔和利物浦由一条运河连接起来,另一条运河将它们和布里斯托尔连接起来。1792 年,大枢纽运河,90 英里长,成为了从伦敦出发,经牛津,连接英格兰中部城镇的水路。③ 几年后,泰尔福特和麦克丹姆对道路建筑进行了极大的改进。在 1818 年至 1829 年间,建造了超过 1000 英里长的收费公路。④ 次年,即 1830 年,第一条铁路开通。交通方式的改进导致了贸易的极大增加,为了保证商品的充足供应,商人们为了自己的利益,将大量的织工和织机集中在一个厂房里,给他们提供棉纱。对于工人,这一制度意味着他们由独立变为了依附。19 世纪初,一个委员会的报告声称,家庭手工业和工厂制度的本质区别在于,在工厂制度中,工作是由"那些对其所生产的商品完全没有所有权的人"完成的。这种商业扩张的另外一个直接后果,就是生产过剩和萧条的定期重复发生,一种在旧制度下完全不知道的现象。这种现

---

① Radcliffe,由 Baines 所引用,pp. 338,339。
② Scrivenor,pp. 83,87,93。
③ M'Culloch's *Commercial Dictionary*,pp. 233,234。
④ Porter,p. 293。

第八章 革命的主要特征

象的发生是因为这种新的生产方式,其生产的规模很大,要销往的市场很远。

财富生产领域的这种变化必然伴随着一场分配领域的革命。在农业方面,一个显著的事实就是地租的大幅上升。截至1795年,虽然一些地方的地租有所上升,但在其他地方,自革命以后,地租一直保持着停滞不变的状态。① 但是,在1790年至1833年间,据波特的统计,地租至少增加了一倍。② 在苏格兰,1795年的地租总额为2 000 000英镑,在1815年上升到5 278 685英镑。③ 埃塞克斯的一家农场,1793年以前地租为10先令每英亩,1812年则为50先令,六年后,又回落到了35先令。在伯克郡和威尔特郡,1790年农场的租金为14先令,1810年则为70先令,1820年为50先令。毫无疑问,上升的租金,大部分是由于在农业改良上所投入的资金所致,据说,第一代莱斯特勋爵在他的土地上花费了400 000英镑,④但是更多的是因为圈地制度、农场的合并以及对法战争期间粮食价格的高涨。但是,不管是什么原因,它标志了一场伟大的社会革命,标志着政治势力和各阶级社会地位的变化。农场主和地主一起分享了这种繁荣,因为他们中的许多人是根据有利的租约持有的农场,从而获得了巨额的利润。结果,他们的品格也彻底改变了,他们不再与他们的工人一起劳动和居住,变成了一

---

① Eden, ii. 292.
② Porter, pp. 151, 165.
③ *Encyclopedia Britannica*, sub "Agriculture".
④ 股票经纪人,例如李嘉图,购买地产,并且地产换手很频繁。这些新地主们更有能力开发他们的地产资源。

个不同的阶级。战时的高物价使他们彻底堕落,因为那时他们的财富增加得如此之快,以至于他们都不知道该用这些钱做什么。科贝特曾描述了他们生活习惯的变化,新的食物和家具,奢侈品和酗酒,这些都是他们有了太多的钱又不知道该怎么花的结果。①同时,这些农业上的变化,对工人生活所造成的影响是完全相反的,也是最具有灾难性的。他感受到了高物价的全部压力,而他的工资却在不断地下降,并且他还失去了在共有地上的权利。农场主与工人的分离,可能就是从这一时期开始的,即,本世纪的初叶。②

在制造业领域也出现了类似的现象。由大资本家雇主们构成的新兴阶级获得了巨额的财富,他们很少或者根本就不再亲自参加他们工厂里的工作,他们也不认识他们数以百计的工人。结果,那种旧式的师傅与学徒关系消失了,"钱的关系"取代了人性的纽带。工人们从自己的立场出发,诉诸结社这种方法,工会开始了一场斗争,斗争的双方好像是不共戴天的敌人,而不是共同的生产者。

在这个时代,大部分工人所遭遇的不幸往往是因为工资的下降,虽然并不总是如此,就像我前面所说的,在某些行业工资上升了。但是,他们承受的痛苦还来自于:工厂制度下的工作条件;物价的上涨,特别是在谷物法取消以前面包的高价格;商业的突然波动,自从生产的大规模化以来,这种商业波动就将工人们置于了周

---

① Cobbett's *Rural Rides*, Reigate, October 20, 1825, p. 241 (ed. 1830). 参看 Martineau's *History of England from 1899 to 1815* (1878), p.57。

② Report of Committee on labourers' wages (1824), p.57.

期性的穷困之中。产业革命的各种影响证明,自由竞争可以创造财富,但不能创造幸福。在自由竞争没有受到立法和结社的限制之前,我们都知道它在英国所造成的各种骇人惨状了。

第九章 贫困的增长

马尔萨斯告诉我们,他的书是受到葛德文的《探究》(即《政治正义论》)一书的启发而作的,但是,事实上,他是因为看到周围迅速增长的贫困,受到刺激,才写此书的,该书对英国济贫法的改革发挥了十分重要的影响。在1795年到1834年间,贫困问题达到了最为恐怖的程度。下面的统计数字表明了它的增长:

年代	人口	济贫税	人均济贫税
1760	7 000 000	1 250 000	3 先令 7 便士
1784	8 000 000	2 000 000	5 先令
1803	9 216 000	4 077 000	8 先令 11 便士
1818	11 876 000	7 870 000	13 先令 3 便士

这是济贫税所曾达到的最高额。但是,为了能真正了解这个问题的本质,我们必须研究贫困过去的历史、在不同时期它的起因以及影响它增长的主要因素。

之所以产生反对政治经济学的偏见,是因为它似乎告诉人们要追求自己的私利,而压抑仁爱的本能。个人的利己主义全然不顾穷人的死活,因此,要帮助穷人,就必须以其他的动机和理念取代它,因此,也就产生了这样的看法,即,政治经济学教导人们要不

第九章 贫困的增长

顾穷人的死活。一些旧式的经济学家的确说过,应该听任人们倒毙街头。但是马尔萨斯虽然对济贫法很厌恶,却认为"弊害如此根深蒂固,济贫法给予的救济又如此广泛,以至于任何有同情心的人,都不敢提议立即予以废除"。① 之所以认为政治经济学是残酷的,是因为对其应用范围的错误观念,还有我前面已经提到的观念上的混淆,即,将经济学的法则转变成了实际应用中的准则,而且还拒绝认可其他动机所驱使的行动。我们现在需要做的不是压制仁爱的本能,而是使其组织化。使仁爱科学化是这个时代的一个大问题。以前人们认为,通过克己奉献的施舍行为——这种发自于仁爱本能的、简单、直接的行动,来补救他们所痛惜的苦难,已经足够了。但是现在我们认识到,不仅需要研究这方面的思想,还必须研究其历史。为了理解贫困的本质,并发现有效的解决办法,我们必须研究它早期的历史。但是在这样做的时候,我们必须牢记两件事情:首先,不能以现代的理念去解释中世纪的法规;其次,不要以为贫困的原因一直都是相同的。

济贫法的历史分为三个时期:从 1349 年到 1601 年;从 1601 年到 1782 年;从 1782 年到 1834 年。那么,在中世纪社会贫困的本质是什么?那时救济的手段又是什么?贫困的一些特质在所有的社会里都是永远存在的,所以在中世纪社会生活中,也和在其他社会生活中一样,存在着一个没有能力的贫困阶层,他们既没有能力照顾自己,也没有亲属可以依靠。在中世纪初期这是贫困存在的唯一形态,下面所述的是它的救助方法。那时的共同体分裂成

---

① *Essay on Population*, 7th edition, p. 429.

了不同的团体——庄园、行会、家族、带有救济院的教堂,每一个团体都要为其所有成员的生活负责,通过这种方法,所有阶层的穷人都得到了救助。在城镇,手工业行会和宗教行会为它自己的成员提供救助,大片的地产被赠与行会,"直到宗教改革时,行会都是一个有组织的、救助穷人的管理机构"。(组织宗教行会的目的,既是为了救助贫困,也是为了联合和相互祈祷)[①]——除了行会,还有教会、救济院和修道院。那些"定居的穷人",在城镇靠行会救济,在乡村靠庄园的领主和有圣俸的牧师救济。"每一个庄园都有自己的宪法。"[②]斯塔布斯教授曾说,并且,在提到农奴解放的时候,他补充道:"当地居民失去了向他的领主要求抚养的权利。"[③]在那些被称为"流浪汉"的穷人当中,有一些是职业性的乞丐,现在我们称他们是叫花子,但那时的人却并不这样认为,还有一些是"勇敢的工人",他们四处漫游只是为了寻找工作。那么,在那时候哪些人才是穷人呢?在城镇,是那些不能进入行会的手工业者,在乡村,是一小部分名义上是自由人,但却没有土地的工人。社会发展的一大法则就是,从被奴役向自由的运动,同时也是生活从有保障到没有保障的一场运动。自由的成长和贫困的增长之间有着密切的联系,说后者是我们向前者所支付的代价,并不过分。具有济贫法意义的第一个法规,是在农奴解放迅速进行的一个时期制定的。这就是1349年制定的工人法规,它其实和救助穷人没有什么关

---

① Stubbs's *Constitutional History*, vol.iii. p.600.
② 同上,p.599。
③ 同上,p.604。

第九章 贫困的增长

系,它的目的是抑制流浪。①

这一法规有着各种各样的解读。一些人认为,②它只是地主们想强迫工人们接受黑死病以前的老工资而已。另外一些人和布伦塔诺一起反对这种说法,认为它并非是一项阶级立法,所表达的不过是中世纪的理念而已,即物价应该由合理的想法而非竞争所决定,因为这一法规不仅规定了食品等必需品的价格,而且还规定了那个时代几乎所有可出售物品的价格。也许大体上布伦塔诺是对的。的确,地主们在立法时很清楚这一法规对他们是有利的,但是这一法律仍然和那个时代的所有观念是一致的。这一法规在两个方面影响了工人:它确定了工人的工资,它阻止了工人的迁移。接下来的是1388年的法规,此法规有时也被称为英国济贫法的滥觞。在这里我们第一次发现,法律开始对没有劳动能力的贫民和有劳动能力的贫民进行区分。该法令规定,如果贫民的邻居们不愿救济他们,他们可以到百户区的其他地方寻求救助。没有人是应该对他们负责的,通常的共识是,教区的人们应该帮助养活他们。法令中还规定,除非带有特许证,工人或贫民不得到其所居住的百户区以外流浪,在这里我们捕捉到了居住权法的最初一瞥。

有劳动能力的贫民的数量开始增长的确切时间,无法确定。它是逐渐发生的各种社会变化和对这些变化不能理解的结果。中世纪的立法者无法理解劳动力流动的必要性,也没有看到对

---

① Nicholls's *History of the Poor Law*, i.36.
② 例如 Seebohm, *Fortnightly Reviw*, ii, 270。参见 Cunningham's *Growth of English Industry and Commerce*, p.191.

救助贫民进行强制性立法的必要性,虽然 1388 年的法令表明,领主与其依附者之间的纽带已经瓦解,已经不可能再靠此种方法为民众提供生活保障。他们通常认为教会和私人慈善已经足够了,虽然的确通过了一些法律,阻止挪用专门用于救助贫民的基金。① 至于劳动力的流动,我们必须记住,在当时流浪并不意味着工人的穷困,反而是意味着他们生活的繁荣。劳动力的缺乏使得工资上升,当时的流浪工人似乎从来都没有满足过,总是在四处漫游着寻找更高的工资。中世纪社会的稳定性靠的是社会所有部分的固定性,就像现代社会的稳定性是建立在各部分的流动性上一样。颁布的法令表明,高工资和旧纽带的破坏事实上导致了混乱、抢劫和暴力。渐渐地,我们发现,工人的状况发生了逆转,在下一个时期,他之所以是一个流浪汉,是因为他无法找到工作。

在 16 世纪,贫困真正变成了一个严重的问题。如果我们问,那时贫困的原因是什么,又提出了什么样的救济办法,我们会发现,在 16 世纪初,一场伟大的农业革命正在进行,在这场革命中贫困大大增加了。农场被合并了,耕地被转变成了牧场。② 结果,以前两百个人住的地方现在只有两个或者三个牧人。这些失去了土地的农民找不到工作,变成了纯粹的流浪汉,"勇敢的乞丐",直到后来随着商业的发展,他们被吸收到了城镇中去。农业变革的一

---

① 理查二世第 15 年的一项法律(c.15)规定,如果"教区的教会资金状况适宜,该教区主教应该命令从此经费所产生的收益中,拨出适当金额,每年分配给该教区的贫苦居民,以补助他们的生计"。

② More's *Utopia* (Arber's Reprints), p.41.

第九章 贫困的增长

个主要原因是修道院的解散,虽然它只是间接地发生了作用,修道院的地产转移到了一批新人的手里,这些人在驱逐农民的时候毫不留情,没有丝毫的犹豫。大约在同一时期,由于贵金属的流入和金属货币的贬值,粮食等必需品的价格上涨了。在1541—1582年间,粮食的价格上涨了240%,而在过去的140年间,工资才提高了160%。[①] 通过这一事实,我们发现了这一时期贫困的第二大原因,就像在18世纪末,我们发现工资是最后才提高的,工人是物价上涨的最大受害者。至于城镇中贫困人数的增长,主要原因是行会的地产被当时的摄政大臣萨默塞特公爵所没收。[②] 这些行会实际上是互助会,其资金依赖于他们的地产收入。

那么,当时的政治家们是如何处理这些现象的?那个年代关于"流浪汉"的立法是以鲜血写就的。所提出的唯一救济方法,就是用残酷的拷打来惩罚流浪者——鞭刑和烙刑。在两次或者三次处罚后,甚至会处以死刑。虽然事实证明这些刑罚是十分无效的,但是直到伊丽莎白女王第43年的法律承认,以刑罚作为一种补救措施失败了,这种制度才被放弃。其他类型的贫民,即那些没有劳动能力的穷人,根据理查二世时的一项法令,可以在一定的区域内行乞。在爱德华六世和伊丽莎白统治时期,人们已经慢慢意识到有必要对这一类的穷人进行强制性的救助。一开始,教会委员奉命召集进行募捐的会议,被任命为负责救济事物的监督,向所有出席会议的男女温和有礼地提出要求,请他们慈悲为怀,每周为穷人

---

① Roger's *History of Agriculture and Prices*, vol. iv. pp. 718, 719.
② Stubbs, iii. p. 600.

提供救济。市长、主管和教会委员们,在"每个周日和宗教节日"以捐款箱收集捐款。教区牧师、传教牧师和助理牧师要说服那些不愿捐款的人,如果他们不能说服成功,就要将顽固不化者送到主教那里,主教再对其进行"诱导和说服",或者根据后来一项法律的条款(1562),由季审法院判定其应缴纳的金额。这是首次承认了强制救助的原则,也是首次承认了这一事实,即,在社会中存在着谁都不愿意救助的人。社会上第一次出现了孤立无助的个人,这是中世纪社会所不知道的一类人,但是在现代社会,这类人构成了一个触目惊心的现象。自此以后,在国家和个人之间也出现了一种新的关系。既然后者已经不再是某个小团体中的一员,国家自身就不得不和他发生直接的联系。这样,由于自由和贫困的同时发展,工人阶级的整个状况都发生了变化,现代立法所要解决的问题就成为了:我们如何才能有一个由自由民组成的工人阶级,同时他们还能够容易地获得所需的生活资料。换句话说,就是如何将政治自由和物质自由结合起来。

现代济贫法的所有原则都可以在下一个我们必须提到的法令中找到,即伊丽莎白女王第43年所制定的一项伟大法律,这项法律对有劳动能力者和无劳动能力者进行了明确的区分,这种区分维持至今。后者要依靠济贫监督员强制征收的济贫税进行救济,对于前者,用济贫税购买所需材料,安排他们工作,儿童和孤儿,则安排他们做学徒。从1601年的这时起直到18世纪末,这项法律没有发生任何根本性的改变。不过,附加上了由这项法案直接派生出来的居住权法。这是除了惩罚以外,使用其他方法阻止工人迁移的最初尝试。它开始于1662年的一项法令,该项法令只允许

第九章 贫困的增长

贫民从其所居住的教区获得救济,并将居住定义为在一地连续不断居留40天以上。但是该法令后来不断被修改,以至于变得无比复杂。在居住权这个问题上发生的法律诉讼,超过了济贫法中其他任何问题。直到1795年,这一难题才得以缓解,这一年通过的一项法案规定,在一名新居住者确实得到教区的救济之前,不得将其赶走。①

另外两项对伊丽莎白女王法案的修正也需要我们的关注。在1691年,济贫的部分管理权从监督员的手中转交给了治安法官,提出的理由是济贫监督员滥用他们的职权。自此以后,除非根据治安法官的命令,他们不得进行救济,而且这一条款被解释为一项授予治安法官的权力,使得他们可以在没有收到济贫监督员任何申请的情况下,直接进行救济,这就导致了治安法官事实上拥有了处理济贫事项的自由裁量权。济贫法另一项重要的变化是1722年采用了济贫院检验。很明显,自查理二世统治以来,贫困增加了。这一时期出版的许多小册子上,充满了关于如何补救的建议。但是,唯一成功的想法就是济贫院检验。各教区获得授权联合起来建立济贫院,对所有不愿进入济贫院的人拒绝进行救济。但是建立济贫院的各项条款一直没有真正起作用,没有几个教区采纳这种方法。

需要提出的一个问题就是:为什么在17世纪和18世纪工资上升,而且18世纪前半叶谷物价格低廉的情况下,贫困仍然在缓

---

① 参见亚当·斯密在关于工资的一章中,关于居住权法的概述;关于济贫法的一般状况,参见 Fowle's *History of the Poor Law*, in the *English Citizen* Series。

慢地增长？圈地和合并农场，虽然到那时为止规模相对较小，还是要为此负一部分责任，就像在上一个世纪一样。据说在1727年，一些地主就非常热切地将农民和茅舍农驱逐走，结果，由于被驱逐的佃农陷入了贫困，因而导致地主要缴纳的济贫税增加，地主也因此受到了惩罚。① 到了艾登的时代，驱逐农民的做法已经变得很普遍了，驱逐和贫困之间的联系已经是一个不争的事实，虽然大多数作者忽视了这种情况。艾登的证据再次证明，在进行圈地的地方，贫困现象最严重。例如，在温斯洛，1744年和1766年间实行圈地，"济贫税的上升主要是因为圈地，据说，圈地减少了农场的数量，而且，将耕地转变成牧场大大减少了对工人的需求"。再如，在莱斯特郡的基尔沃思-博尚，"以前的田地现在已经变成牧场，农场主们几乎不再需要工人，因此，失业的穷人当然不得不依靠教区养活了"。② 被驱逐农民的命运使这种社会弊端更加恶化，他们沦落到了工人的地步，使失业者的队伍进一步扩大。"他们靠依附于大农场主生活，对前途看不到任何希望，他们的勤勉被抑制，也失去了节俭的最大动力，他们的唯一想法就是享受当下。"再如，在布兰德福德，同样进行着农场的合并，艾登评论道："据说，合并使勤勉的小农变成了工人或者仆役，他们看不到前进的路径，变得对未来漠不关心，一领到那点很少的工资就花掉了，根本不为将来年老时储蓄资金，他们如果因为短暂的疾病而无法工作，必定只能靠教区

---

① Laurence, pp. 3, 4.
② *State of the Poor*, ii. 30, 384. 亦可参看 James Massie 所著的小册子，引用同上, i. 329。

第九章 贫困的增长

来养活了。"①

除了敞田的圈围、农场的合并,对共有地和荒地的圈围同样助长了贫困的增加。阿瑟·扬和艾登认为共有地是懒惰的一个原因,工人们将他们的时间浪费在了拾材和挖掘荆豆上。他们的猪和牛引起了邻居间不断的纠纷,大家总是想着占别人的便宜。②在共有地大到足以养活穷人(即使他们没有其他的工作)的地方,他们所说的这些情况的确是真实的。但是在另一方面,在工人可以找到稳定的工作的地方,对他来说,一小块共有地就是一个巨大的额外资源。阿瑟·扬提到了在诺福克的斯内蒂瑟姆的一个例子,在那里,荒地被圈围起来后,共有地上的权利被保留了下来,这样做的结果,结合着由于圈地导致的劳动力增加,济贫税从 1 先令 6 便士降到了 1 先令或者 9 便士,而人口从 500 增加到了 600。他继续说道,圈地总的来说是在完全无视穷人各项权利的情况下进行的。据桑顿所说,公园的兴建也普遍导致了这种结果,但是,关于这种说法,我却未发现什么证据。

到了这一世纪末,贫困的另外一个原因,是物价相较于工资的大幅上升。1782 年谷物的价格是 53 先令 9¼ 便士,这一价格相较于此前 50 年的平均价格已经高了许多,但是在 1795 年价格上涨到了 81 先令 6 便士,次年价格更高。从 1795 年到 1805 年谷物的平均价格是 81 先令 2.5 便士,从 1805 年到 1815 年是 97 先令 6

---

① *State of the Poor*, ii. 550,147.

② 同上,i. xviii。Eden 本人支持圈地,认为圈地导致了对日常劳动力需求的增加,从而对劳动者的补偿超过了其损失,但是他希望每一个劳动者都能够保留"一个花园和一小块菜地"。

便士,在1800年和1801年达到了最高的127先令和128先令6便士,这是自14世纪以来,最接近饥荒年景时的价格。许多其他商品的价格也上涨了。因为在美国独立战争时所负的国债而不得不增加税收,因为税收增加,肥皂、皮革、蜡烛等商品的价格提高了四分之一,黄油和奶酪的价格每磅提高了1.5便士,肉1便士。与此同时,一位作家在1788年问道:"在这10年或12年间,工人的工资增加了多少呢?事实上,非常少。日常工作,不管是农业还是制造业,工资一点都未增长。"只有按件计酬的工作,工人们才能在名义工资上得到一些增加。① 最后,城镇里已经开始采用机器,人与人之间的那种金钱关系已经最终确立,商业上巨大的波动也已开始。在过去,当工人失业时,雇主继续养活他们,现在他已经拒绝承担这种责任。当时的一些作者将工匠地位的衰落归因为"那些掌握着工人命运的人对工人不正当的压迫行为"。②

这些看起来就是贫困增长的原因和工人沦落的原因。唯一尝试过的有效补救方法就是济贫院检验,这个方法在1782年也被放弃了。但是,地主和农场主们就没有再多做些什么来制止工人的这种沦落吗?没有可行的解决办法吗?我们不禁想到,在圈地的过程中,可以依靠公认的一般正义来解决这个问题。像艾登和阿瑟·扬这样为了农业改良的缘故而最支持圈地的人,也认为工人应该有一英亩或两英亩附属于他的小屋的土地,视情况而定,以替代他在共有地上的权利和放牧的权利。通过这样的补偿,许多苦

① Eden, i. 380 et seq. 引自 Howlett。
② Howlett, loc. Cit.

第九章 贫困的增长

难是可以被阻止的。一个更为困难的问题是,是否可以做一些事情来直接减轻高物价带来的压力?柏克认为什么都不能做,因为在工资和物价之间没有必然的联系,他更乐意让这种弊害自行调整。① 而且,事实上,在北部没有对工资进行人为的干涉,矿业和制造业的发展挽救了工人。

在中部和南部,由于没有这种需求的刺激,情况因而也不相同。为了保证工人的生存,绝对需要增加他们的一些生活资料。放任不管是危险的,对付这种困难的真正方法是农场主们提高工资——有时的确他们也采用这个方法。但是,由于缺乏智慧和慷慨,以及济贫法在中部和南部各郡的错误做法,农场主们拒绝提高工人的工资。因为农场主们拒绝了这一出于人道和自利的要求,治安法官和乡绅们就将这一问题抓到了自己手里,同时,工人们则求助于济贫法,要求教区做农场主们拒绝做的事情,以津贴贴补工资的不足。这就是旧济贫法被迅速破坏的原理。农场主们支持这一制度,他们希望每个人都可以根据其家庭所需得到一份津贴,他们还宣称,"高工资和自由劳动将会压垮他们。"在地主们的心中,他们与民众的关系也发生了变化。承认穷人有绝对的权利,来不加限制地分享国家财富,除了不加思考和无知的同情心泛滥外,我

---

① "说工资率没有随着食物名义价格的上涨而增长,并非事实。我承认,工资率没有随着价格而波动,也不应该这样。诺福克的乡绅们在宴饮之际曾发表意见,称工资率可以,或者说应该随着市场上食物价格的上涨而上涨。事实上,工资率和食物价格并无直接的联系。和其他商品一样,劳动也是一种商品,其价格根据需求而上升或下落。这就是事物的本质。不过,事物的本质已经展示了它的必要性。在我所处的时代,工资已经上涨了两次,而且,在最近的20年间,相较于食物价格,工资与以前相比,几乎完全相同,甚至更高。"——Thought and Details on Scaricity, Burke's Works, vol. v. p. 84。

们可以追溯这种情感发展的来源。但是，这种权利得到承认的方法，是将他们置于了附属的状态，并削弱了他们的自尊心。这种通过贿赂人民，将其置于顺从状态的想法，虽然因为法国革命的恐慌而扩大，但绝不是什么新方法。它在1782年促成了吉尔伯特法案，该法案废除了济贫法检验，为那些愿意在自己家庭附近工作的人提供工作。正是这种托利社会主义，①这种富人保护穷人的原则，促生了一个常用的名词"劳动贫民"，该词在法令中和亚当·斯密的著作中随处可见，柏克将之斥之为一个可恶的、伪善的词语。②

与拿破仑的战争给了这一贫民化的政策一个新的刺激。皮特和乡绅们需要一支强大的军队与法国作战，因此改变了过去遏制人口的老政策。过去，他们一直通过拒绝建造小屋这种方法来控制工人的数量，在1771年，曾进行了"一场对小屋的公开战争"，而且，阿瑟·扬说，地主经常推倒小屋，"使它们再也不能成为乞丐和无赖的巢穴"。③ 但是现在给予大家庭以额外的津贴，等于对早婚进行奖励，工人们可以根据他们孩子的人数得到补贴。这种津贴制度的扩展来源于国内的恐慌。地主和农场主们被工人恐吓，按马尔萨斯的说法，地主们一方面激怒了工人，同时又向工人鼓吹顺从。④ 焚烧草

---

① 在英国，由于居于统治地位的土地贵族阶级的存在，所以在实践中比其他任何地方都存在着更多的社会主义，1847年工厂法就是保守主义者不顾激进派工厂主们的反对，强行通过的。

② Burke's *Works*, vol. v. p. 84.

③ *Farmer's Letters*, vol. i. p. 302.

④ "在最近的饥荒中，王国内半数的绅士和教士们都应该以煽动罪被起诉，他们在向平民演讲和布道的时候，煽动起他们对农场主和粮食商人的仇恨，然后冷静地告诉他们，不管穷人如何被压迫和欺骗，维护和平都是他们的责任，这种说辞完全是一种毫无效果的解毒剂。"——Malthus, *Principle of Population*, 7th ed. p. 438, note.

第九章 贫困的增长

垛的事情经常发生。在威尔特郡的斯沃娄菲尔德,法官"慑于纵火造成的恐慌,在工人的强硬要求面前屈膝让步,答应在整个冬季采用津贴制度"。1795年,伯克郡的一些法官和"其他一些行事谨慎之人士"发布了一项声明,该声明成为了英格兰南部所有治安法官的行动指南。① 他们声称他们一致认为,根据穷人现在的状况,他们需要给予比以前更多的援助,根据这一观点,他们认为,继续依据伊丽莎白和詹姆斯时期的法令来规定工资,已经是不合时宜的了,他们真诚地建议农场主们和其他人士能够根据现在的物价增加他们付给工人的报酬,但是,如果农场主们拒绝这样做,他们会依据人口数量给予每个穷人家庭一份津贴。他们认为一个人和他的妻儿的劳动所得和从济贫税所得的津贴,对维持其生活是必需的。② 这就是津贴制度的开始,这种制度有多种形式,其最终导致了人民的彻底堕落。该制度实施没多久,我们就听到了关于工人们懒惰、桀骜不驯及对监督员蛮横无理的情况。当他们认为补助工资的津贴不够的时候,他们就会去找治安法官抱怨,法官就会向监督员呼吁发扬人道精神,工人们则对监督员加以威胁,监督员最终屈服。在班克里夫教区,"一人受雇来照管贫民,但是这些贫民威胁要把他扔在水里淹死,他不得不做出让步"。由于认可了他们即使不工作也有领取救济的权利,整个民众的品德都降低了。

---

① 这就是著名的"斯宾汉姆兰法案(Speenhamland Act of Parliament)",之所以这样称谓,是因为治安法官们是在 Newbury 的 Speenhamland 开的会。
② Nicholl's *History of the Poor Law*, vol. ii. p. 137.

第十章　马尔萨斯与人口法则

正是在这种情况下，随着人口的迅速增加，马尔萨斯写下了他的著作。但是，在他写作之时，他直接所想到的并非济贫法，而是葛德文。在卢梭的影响下，葛德文在他的《探究》一书中，将人类的所有不幸都归咎于人类建立的政府和各种制度，进而，他勾画了一个改革后的美好社会。马尔萨斯否定了这种构想的可能性。他认为，任何制度都不能保证有这样的幸福，人类的苦难不是因为人类的不公正和坏的制度，而是由于无情的自然法则，即，人口倾向于超过所能维持生存的物质资料。在几代人的时间里，这项法则就会使人类智慧所能设计出最好的制度失去效果。值得注意的是，虽然在他的第一版著作中，他给了葛德文一个坚定的答复，后来，马尔萨斯在以前的论点上做了大幅度的让步。除了对苦难和邪恶采取"积极的抑制措施"，他又增加了道德的遏制这样的"预防性措施"——婚姻控制。① 对此，葛德文给予明确的

---

① "现在的这一版书，在关于抑制人口的其他方法，即那些不属于罪恶和悲惨类型的方法上，与前一版有着原则性的不同，在这后一版中，我努力缓和了第一版中一些严酷的结论。"——Preface to 2nd edition, p. vii. 参看 Bagehot's *Economic Studies*, p.137；"在人口论的第一版中，其结论是肯定的，但却是建立在未加证实的事实上；在第二版中，其结论建立在真实的事实上，但却不再那么肯定。"

第十章　马尔萨斯与人口法则

回复,即这样的限定实际上就是承认了社会可以达到完善的状态。但是,马尔萨斯仍然认为,他的观点与葛德文的共产主义是截然不同的。① 他说,如果废除了私有财产,道德约束就会荡然无存。然而,自他的时代以后,共产主义社会在美洲的实验已经将他的预言推翻,这种实验证明,私有财产的缺失与道德约束并非是不相容的。②

马尔萨斯的法则真的是正确的吗?我们看到,它有两个前提。第一个是,人类的潜在增长率,如果不加控制,人口在25年内会增加一倍。而且,马尔萨斯认为,在任何时代,对所有种族,这一增长率都是一样的。他的第二个前提是收获递减法则,就是说,一定的土地在经过了一定时间的耕作后,不管有什么样的农业改良,相较于人类的劳动,收获率都会下降,而且,这一法则是真实的。马尔萨斯没有否认,在一定的时间内,食物增加的速度可能会比人口的增加速度快,但是,土地是无法增加的,因此,如果供养人民的土地面积是有限的,那么,从长远上看,其为每个人生产的食物总量一定是逐渐减少的,虽然这一结果可能被延迟很长时间。马尔萨斯认为他的这两个结论都是不言自明的。他说:"第一个命题,我认为在叙述美国人增加的时候,已经得到了证明,第二个命题,在宣布它的时候,就得到了证明。"那么,为什么他还要写这么长的一本书呢?他接着说:"我写这本书的主要目标,就是研究这些我在前6页就已经确立的法则,对社会已经产生和可能会产生什么样的

---

① *Essay on Popuation* (7th edition), pp.271-280.

② 参看 Nordhoff's *Communistic Societies of the United States*;和 *Essay on Population*, p.286。

效果——这是一个非常不容易被研究透的问题。"① 他的论著的大部分内容,是关于不同时代和不同国家人口的增加以及所采取的限制措施。而且,他还将他的结论应用到了英国的济贫法管理上。

现在,人们对于他的第一个前提是否是普遍的真理,存在着严重的质疑。他的一些早期反对者,如道布尔迪,提出了这样的一个命题,即,生殖力与能获得的营养品成相反方向的变化。② 他们这样大胆的断言是不正确的,但是,就如亚当·斯密很早就注意到的,奢侈阶层的孩子很少,而一个"饿得半死的高地妇女"却可以有一个20口人的大家庭,这的确是可看到的事实。③ 赫伯特·斯宾塞先生曾再次断言,生殖力与神经组织呈相反方向的变化,这一观点得到了凯利和白芝浩的认同。④ 但是,产生这样结果的原因,与其说是智力的发展,倒不如说是现代生活所带来的焦虑和疲惫。被阿马萨·沃克先生所引用的统计数字,也倾向于证明这一说法。他告诉我们,在马萨诸塞州有 980 000 本地人,移民只有 260 000 人,但两者的出生数几乎完全相同,而后者的结婚人数是前者的一倍,并且,在美国人当中,长寿者少,死亡率高。克莱夫·莱斯利先生将这种情况归因于美国公民生殖力的下降。但是,整个问题在很大程度上仍处于未知之中,最好还是让生理学家和生物学家来下结论。但是,的确有理由使我们拒绝认可马尔萨斯的观点,即人

---

① *Essay on Population*, p.291, note.
② Doubleday's *True Law of Population* (1842), p.5.
③ *Wealth of Nations*, bk. i. ch. viii.
④ Bagehot's *Economic Studies*, p.141 et seq.

第十章　马尔萨斯与人口法则

口的增长率是不变的。①

另一位美国作家,亨利·乔治先生,②最近也主张马尔萨斯是错的而葛德文是对的,贫困是因为人类的不公正,是因为财富没有公平地分配,是土地私有的结果,而不是因为马尔萨斯的人口增长法则或者收获递减法则,他完全拒绝认可这两种法则。关于后者,他举出事实,认为在一些社区,例如加利福尼亚州,收获递减法则明显没有起作用,但是相同的贫困现象也出现了。现在有许多事例可以证明乔治先生的观点并不正确。很明显,他没有提到法国、挪威和瑞士,所有这些国家都是小农的国家,在那里土地并未被少数人垄断。但是可以肯定,在这些国家,不管其农业知识和技术的现状如何,收获递减法则是在起作用的。因此,在这种情况下,认为是人类的不公正,而非自然的吝啬,导致了贫困和对人口进行有害的遏制,是没有什么用的。不过我仍然认为乔治先生的观点是部分正确的——大部分贫困和不幸的确是因为糟糕的政府和不公正的行为。但是,这并未触及到主要问题,或者证明收获递减法则是错误的。

我们再回到马尔萨斯的第一个命题。"人口倾向于超过所能维持生存的物质资料"这句话模糊不清且容易引起歧义。它的意思可以是:如果不加控制,人口将会超过所能维持生存的物质资料;或者,它的意思也可以是:人口的增加比物质资料的增加速度快。很清楚,如果是第二种意思,那么在现在的英国,这句话就不

---

① *Science of Wealth*, pp.462－464.

② *Progress and Poverty*, book ii.ch.i.这些演讲,是在这本书变得臭名远扬之前发表的。——编者注

正确了。每人平均消费的食物量现在每年都在增加,而且,资本增加的速度是人口增加速度的两倍多。① 但是,早期关于人口论方面的作者们一直用的都是这句话的第二种意思,并将其应用到了他们那个时代的英国。现在,这种说法只在极少数国家是正确的。过去常说在印度是这种情况,但是,即使是在那里,这种说法也只是适用于某些地区。然而,乔治先生并不满足于反驳马尔萨斯命题的这种说法,他完全拒绝承认马尔萨斯的命题,他还否认"如果不加控制,人口将会超过所能维持生存的物质资料"这种说法,他提出的普遍法则是,如果财富进行了公正的分配,没有必要害怕人口过剩。但是,像挪威和瑞士这样的国家的经验表明,虽然财富的分配大致上是公平的,但过剩人口的确存在,这说明乔治先生的观点并非是普遍正确的。但是,乔治先生提出的另一项批评,无疑是迄今为止很好的。普遍认为,达尔文的理论给予了马尔萨斯的命题以有力的支持,而且,达尔文自己也说,是马尔萨斯的书启发了他。② 但是,乔治先生反对将人与动植物进行类比,他的做法是对的。的确,动物在为生存而奋斗的过程中,受到了生存资料的严格限制,但是人类可以依靠其创造力和活力,极大地增加其所需的生

---

① 1860年以来,联合王国的人口已经从29 070 329人增加到了35 003 789人,或者说增加了20%;与此同时,其财富由5 200 000 000英镑增加到了8 420 000 000英镑,或者说62%.参见 *Contemporary Review*,Dec.1881中 Mulhall 的文章。茶的人均消费量从2.66磅增加到了4.66磅,糖的人均消费量从34.61磅增加到了62.33磅,大米从5.94磅增加到了14.31磅,其他的许多商品也增加了相似的比例。

② *Origin of Species*(Pop.Ed.),50.

第十章 马尔萨斯与人口法则

活资料。① 乔治先生的反对意见是有效的,虽然很难说它触及到了问题的主旨。

我已经谈过了在我们研究的这段时期人口的迅速增长。我们必须考虑马尔萨斯是如何说明这种现象的,在多大程度上他的解释是令人满意的,以及他得出了什么实际的结论。他认为在农业地区,人口的过度增长是济贫法管理不当的结果,也是激励早婚的结果。他的说法不错,但不全面。其他的因素也要考虑进去。在过去,年轻的工人寄宿在农民家中,当然是单身。在没拥有一个小房子以前,没人会结婚,因此,在那些"人口稠密的村庄里",为了减少济贫税,地主的政策就是摧毁那些小屋。② 但是现在,农场主们社会地位提高了,拒绝再让工人寄宿在他们家里。被赶出去的工人,虽然有些人移居到了城镇里,但是大部分人在津贴制度的鼓励下,草率地结婚,③从而产生了更大的弊害。虽然可居住的小屋持续减少,但农村地区的人口仍继续增加,结果导致了可怕的人口过剩。由于工人的草率鲁莽和道德滑坡,小屋的缺乏在抑制人口方面已经不能再发挥作用了。④ 就这样,农民社会生活习惯的变化

---

① "虽然整个植物界和动物界,生活资料的限度独立于其所维持的生物,但对于人类来说,在土地、空气、水和阳光的最终限度内,其依赖于人类自身。"——*Progress and Poverty*, book ii. c. iii. p.117. 参看 *Unto this Last* (3rd edition), pp.157 – 158。

② Eden, i.361.——"我知道若干教区,在这些地方,穷人所遇到的最大困难是无法获得住所。"

③ *Commission on Labourers' Wages* (1824), p.60. 晚至 1860 年,农村的小屋一直在持续减少,但是现在却认为联合教区责任法案已经"完全制止了这种清除小屋的行为"。——Sclate-Booth 阁下在 1881 年农业委员会 (Agricultural Commission of 1881) 所做的证词。

④ 但是,它的作用并未完全失效。参见 Heath, *English Peasantry*, p.36. 晚至 1872 年,还可以看到这样的例子。

对农村人口的增加产生了相当大的影响，进一步加重了津贴制度造成的恶果。

在城镇里，对人口最大的刺激来自于因为采用机器而导致的商业扩张。工匠的视野变得模糊不清，没有了最低生活保障的清晰界限。在像挪威这样的国家，小的地方单位组成了一个静止的社会，工人们清楚地知道在他的社区内有什么样的就业机会，大家都知道，挪威的农民在确信自己有能力支撑起一个家庭以前，是不会结婚的。① 但是在大城镇里，"制造业处于无可避免的变化之中"，②所有这些清晰的界限都消失了。工匠总是希望，不管有多少孩子，工业的发展总是可以保证其就业，毛纺业和棉纺业的巨大发展很大程度上证实了这一期望。城镇里对童工的巨大需求，也使得一个工匠的收入可以根据其家庭人口同比增加，就像津贴制度在农村地区所做的那样。③

马尔萨斯提出了什么样的补救措施？第一个就是废除济贫法。并非只有他一个人持有这种意见，当时的许多著名作者相信济贫法从本质上讲是坏的。他建议应该在一年中宣布一个日期，在此日期后出生的孩子没有接受救济的资格，那些草率出生的孩子将会留待"自然的惩罚"和"不确定的私人慈善的援助"。④ 其他的一些人认为这样的措施太过严酷，某种形式的济贫法还是必需

---

① *Essay on Population*, p.129, 7th ed.
② 同上，p.315。
③ 孩子们被成批地从乡村转移到了城镇。在瑞士也发生了同样的事情，在上一世纪末，瑞士的一些小行政区也引入了制造业，对早婚产生了很大的刺激作用。——*Essay on Population*, p.174。
④ 同上，p.430。

第十章　马尔萨斯与人口法则

的,问题是如何保证那些值得尊敬的穷人得到救助物质,同时又不会使其道德堕落。马尔萨斯提出的第二个方法是道德抑制,一个男人在有足够的财力支撑起一个家庭之前不会结婚,在独身期间会保持着完美的道德行为。①

让我们来看看实际上采取了些什么样的补救措施。主要的办法就是1834年的济贫法改革,这是自选举法改革以来议会通过的最有益的一项法案了。它的原则是:(1)采用济贫院检验,逐渐放弃对有劳动能力工人的户外救济;(2)将教区联合起来,以促进节约和提高效率,这些联合教区将由纳税人选举出来的监护人委员会管理,从而结束了治安法官在这方面的不良管理;(3)建立一个济贫法中央委员会,在与下面的各监护人委员会打交道时,该中央委员会拥有很大的权力,并可控制他们的行动;(4)一个新的私生子法;(5)缓和了居住权法。新法的效果十分显著。以苏塞克斯为例,1834年前,该郡有超过6000名有劳动能力的贫民,两年后,只有124名了。② 在几乎所有农业地区都发生了相似的变化,骚乱和烧草垛这种过去常常发生的事情,开始逐渐变少了。对济贫税产生的效果同样显著。1818年,在英格兰和威尔士济贫税将近8 000 000英镑;1837年,已经降到稍微超过4 000 000英镑,现在,虽然人口已经有了巨大的增加,济贫税也只有7 500 000英镑。贫民的数字,1849年为930 000人,1881年降到了800 000人,这一时期人口的增加超过了8 000 000人。济贫法的改良绝不是完美

---

① *Essay on Population*, p.403.
② Molesworth, *History of England*, vol. i. p.319.

的，但这一伟大的改革依然是需要进行的。

其次重要的一项实际补救措施，我们必须说是移民。马尔萨斯轻视这一点。他认为"由于人们不愿意舍弃故乡的自然情感，加上开辟耕作一片新土地的困难，这一方法永远不会或者说不能够被完全采纳。"即使当时是有效果的，其所能产生的好处也只是一时的，"混乱将会带着更大的罪恶回来。"[①]当然，他没有预见到，由于蒸汽轮船航海所导致的移民的巨大发展，以及因此在英国和美国之间建立的紧密联系。自1815年以后，825万人从英国向外移民；自1847年后，仅仅英格兰和威尔士就有350万人离开。这种大规模的移民当然减轻了劳动力市场的压力。马尔萨斯同样没有预见到，后来发生的食物的大量进口。在他的那个时代，英国因为战争和谷物法而与外界隔离。现在，我们食物的一半是靠进口，并用我们的工业产品来支付它。

至于道德抑制，是否它被大规模的应用是令人质疑的。根据15年前杰文斯教授的著作，它只是在很小的程度上被应用。[②] 到1860年为止，结婚的数字还是上升的。不过在大众中间，由于廉价的食物，结婚变得更加频繁，另一方面，在中等阶级和最好的工匠阶层中间，这种道德抑制确有增加。

我想再说一种补救措施，这是马尔萨斯所反对的，[③]即，人工控制孩子的数量。一些人认为，这样的问题只能在"一种废弃的语言的体面面纱下"才可以讨论。为了精神健康，有必要在这个问题

---

① *Essay on Population*，p.292.
② *The Coal Question*，p.170.
③ *Essay on Population*，pp.266,286,512.

第十章 马尔萨斯与人口法则

上保持沉默。不过我们还是应该正视这个问题,因为这是一个至关重要的问题。这种对于出生的预防措施会引起我们在道德上强烈的反感。有人会将这种反感称之为偏见,但是它非常符合逻辑,因为这是对满足一种强烈的本能、却又回避其所附带的义务的一种抗议。但是,道德上的反感不应该阻止我们思考这个问题。让我们检查一下它的结果。关于人工控制生育的效果,有什么证据呢?我们至少知道一个欧洲国家,法国,在一定程度上采取了这个办法。现在我们发现,在是纯粹农业地区的厄尔省,也许是因为广泛采用了人工控制生育的方法,那里的人口逐渐减少,虽然这一地区是耕作最好的地区,也享有着相当程度上的物质繁荣,却并未发现所预期的幸福。该省在犯罪统计上是第一名,犯罪案件的三分之一是猥亵罪,另外的三分之一是小偷小摸,杀婴也很流行。[1] 虽然这是很不完全的证据,但是至少也表明了,你可以采取这种措施,但却得不到预期的结果。认为静止的、物质上繁荣的人口一定会摆脱邪恶,这种观点其自身就是极不合理的,而且,实际的经验证据也反驳了它。对于人工控制生育的观点,在事实中可以找到一种强烈的反对意见,那就是,对于国民生活来说,静止的人口并不是一种健康的状态,因为它意味着对于进步的一大刺激没有了。特别是,在法国,对发明创造的一个刺激因素没有了,因为他们想让人口适应于现有的物质资料。生存竞争对于进步是必不可少的,在这一点上,是毫无疑问的。而且,事实证明,这样的做法还伤

---

[1] 参见 M. Baudrillart 关于 Normandy 的书,在这里,人们不仅通过道德的诉求,还借助于开明自利的思想,来反对这种做法。

害了孩子自身。法国的农民,为了给他的每个孩子留下一份能够舒服地生活的家资,而终生劳苦。但是对于孩子们来说,更好的方法是,将他们体面地抚养大,然后就让他们离家,自己去为生存而奋斗。在英国的城镇里,许多天才和创造力都是来自于那些出自农村地区大家族的人们,他们在生活的开始,就牢牢地记着这样一个信念,他们要靠自己赢得出路。仅仅从财富的角度思考这个问题是错误的。认为家庭生活是国民生活中一切善的源泉,对于这一观点的重要性,我们不能估计过高。对于那些已经为人父母的人来说,支撑和教育一个大家庭,往往是其生活中的一种锻炼和升华,而且可以使普通人意识到自己的责任,将他变成一个好公民。最后,我们可以说,在现在的英国,这样的实践不是必需的。上等工匠或者中等阶级中的一个人,只需考虑何时他能够有足够的财力来抚养达到社会平均数的孩子数量,也就是说,他只需要考虑好结婚的时间就行了。就他的情况而言,延迟结婚,以及他的一些孩子长大后愿意移民,就可以解决困难了。他不需要考虑这个世界是否有空间来容纳更多的孩子,因为空间是有的。而且,为了文明的发展,一个拥有伟大历史和高素质国民的国家,在人口上不再向前发展,这绝不是我们希望看到的。另一方面,至于劳动大众,保持慎重对于他们并不重要,唯一真正有效的补救措施就是实行一些有重要意义的社会改革,例如改善他们的居住条件,提供更好的教育和娱乐,从而将他们提高到现在工匠所处的社会地位,在这一社会阶层实行着有效的道德抑制。最重要的是必须记住,这不是一个纯粹的经济问题,它也不能靠机械发明来解决。为了使问题能够得到真正的解决,我们必须坚持精神生活方面的远大理想。

可能机械的发明给予我们的并非是我们的国家所需求的。另一方面,真正的补救措施,意味着社会向着一种更加纯洁、更加高尚的状态发展,而这才是我们应该努力的方向。

第十一章　工资基金理论

除了首先提出以其名字冠名的人口理论之外,马尔萨斯还是工资学说的奠基人,该学说被冠以工资基金理论之名,在英国通行50年之久。为了说明这一理论到底在说些什么,我们不妨引用穆勒关于这一理论的一段话,这段话是在1869年他为桑顿的《论劳动》一书所写的评论中说的。他说:"任一时刻,都假定有一定数额的财富,无条件地用于支付劳工的工资。这一数额并不是不会改变的,它会因为储蓄而增多,随着财富的增加而增加。但是由推理可知,在任一给定的时刻,这都是一个提前确定了的数额。工薪阶级在他们中间所能分配的金钱不能够超过这一数额。而且,他们所能够获得的,也不能够低于这一数额。所以,由于被分配的数额是固定的,每个人所能得到的工资完全取决于参与分配的人数。"① 从马尔萨斯的时代直到1870年左右,这一理论一直被深信不疑。例如,我们看到,在马蒂诺小姐的故事中,这一理论就被接受了。而且,由此理论又推导出了若干结论,由于这些结论在实际应用中的重要性,在我们的研究中,很有必要首先研究该理论的真

---

① *Fortnighty Review*, May 1869; reprinted in *Dissertations and Discussions*, vol. iv. p. 43.

第十一章 工资基金理论

实性。正是这些结论,使得该理论和其所属的科学冒犯了整个工人阶级。首先,根据工资基金理论,无论何时,工会都无法使工资得到普遍的提高。的确,在某些时候,在某一特定的行业,工人们可以通过结社使工资得到提升,但这只是通过牺牲其他行业工人的利益为代价而得到的。例如,如果建筑业工人通过工会得到了较高的工资,那些制铁业或者其他行业的工人就会承受相同程度的损失。其次,该理论认为,从长远上看,工人们的结社无法增加用以支付工资的基金。资本可以通过储蓄增加,如果这种储蓄比工人人数增加得快,工资就会上升。但是它拒绝承认工会对促进这种储蓄增加有任何效果,从而得出了这样的结论,对于低工资唯一有效的补救措施就是限制工人的人数。工资率完全有赖于人口控制的效果。

该理论的错误在于其前提。我们可以注意到,旧式的经济学者很少检查其前提。对于这种理论,其所假定的前提是:(1)不论是用于支付工资的个人资本,还是用于支付工资的整个社会资本,都是固定的;(2)工资总是由资本支付的。现在我们可以清楚地看到,认为每一个具体的雇主都决心将一固定数额的金钱花费在雇用劳动力上,显然是不正确的。[1] 所花费的金额会随着影响资本家利润的诸多因素而变化,例如劳动力的价格。以发生在爱尔兰

---

[1] 雇主不说"我想在工资上花这么多钱"或者"我想雇用这么多工人",而是说"如果工人的工资是 30 先令,我会花这么多,如果是 20 先令,我会花这么多"。另一方面,Heath 先生在 1872 年关于农场主们的谈论显示,这些人决心将一固定数额的金钱花费在雇用劳动力上。不过,他将这些人这样的做法,归之于偶然的原因,即"特有的固执"。——Heath's *English Peasantry*, p.121; *Peasant Life*, p.348.

的一起农业工人的罢工事件为例,这是特伦奇先生告诉西尼尔先生的。他以每天10便士的价格雇用了100个人,这样每周用于工资的金额是25镑。工人们罢工要求更高的工资——最少1先令2便士,并且,那些能力强的工人要求的更多。特伦奇答应了他们要求的工资,但是大大地减少了他的总支出额,因为以这么高的工资雇用这么多的工人不合算。这样,只有17个工人被雇用,其他的83个人都被解雇了,结果,所有的人都按照旧工资回去工作了。① 这一事实告诉我们,并没有一个固定的、任何人都无法减少或增加的工资基金。就如同当他感到工资率与足够的利润不相容的时候,他就会削减所需支出的工资总额一样,如果他认为,即使是较高的工资率,他的投资也有保证获得足够的回报,为了增加工资,他会通过减少花费在自己身上的金额或者利用闲置资本,来增加总额。这样,工人们可以根据当时的情况,在并不变更雇用人数总量的情况下,获得较当时工资率更高或更低的工资。当多塞特和威尔特郡的工资是7先令的时候,② 工人们如果有足够的知识和结社的力量,也许可以迫使农场主们支付给他们8先令或者9先令,因为后者正在获取着非常高的利润。事实上,在工人们力量强大,并且雇主利润又很丰厚的地方,前者经常可以迫使雇主支付较高的工资。

同样,认为在任一时刻,在整个社会的手中,存在着一笔固定的、用以支付工人需要的资本,如食物、鞋子、帽子、衣服等,不管是

---

① Senior's *Journals*, *etc.*, *relating to Ireland*, vol. ii. p. 15.
② Caird, *English Agriculture in 1850*, p. 519.

第十一章 工资基金理论

雇主还是工人都无法使之增加——这种说法，也是不正确的。过去常常认为，货币工资的增加只是意味着，由于需求的增加，工人所能购买的所有商品的价格将会同比上涨。而他们的实物工资，也就是他们用手中的货币所能购买的商品数量，并不会比以前更多。但是，事实上，供给的增加可以和需求一样快。的确，在两个收获期之间，可用的谷物的数量是固定的，但是，大部分其他商品的数量是可以在短期内增加的。因为，商品不是为了消费而被大量储藏起来的，而是根据需求不断地被生产出来。

迄今为止，我讲的一直是在某一特定时间被应用于工资的这种理论。那么，从长远上看，它又对工资意味着什么？根据李嘉图法则（该法则已经被拉萨尔和社会主义者所采纳），工资依赖于人口和资本之间的比率。资本可能会依靠储蓄逐渐增加，人口也可能会逐渐减少，但是李嘉图认为工人的状况肯定是在下降的，因为人口的增长速度比资本快。虽然有时他也承认生活舒适的标准会有变化，但是他在自己的一般理论上忽视了这种变化，而是假定这种标准是固定的，工资的增加会导致人口的增加，工资因而会再次跌落到以前的水平，甚至更低。工人消费的谷物总量不会减少，但是消费的其他商品总量将会减少。① 后来的经济学者对这一假定法则进行了限制。穆勒告诉我们，舒适的标准不是固定的，可能会有无限的变化。这的确是事实，工人的生活水平甚至会比李嘉图想象的还要低，随着人口的增加，不仅工人得到的其他物品会更少，而且会被迫食用比谷物更加低劣的主食，例如马铃薯。而且，

---

① Ricardo (M'Culloch's edition, 1881), pp.54, 55.

这种事情的确在一些国家发生过。不过,另一方面,这种标准也可能会升高,例如在英国它就升高了。而且,穆勒认为它可以上升得更高。起初,这是他对工人阶级的唯一期望。① 后来,他相信,工人通过合作的方法,可以变得越来越自主——自己雇用自己,这样既能得到利润又能得到工资。

探究这种工资基金理论是如何发展起来的,是件有意思的事情。为什么它认为雇主们不能支付较高的实物工资?它的起因容易理解。当马尔萨斯写他的《人口论》的时候正出现接连的歉收,在那些日子里,只能从海外得到很少的粮食供应。这样年复一年,国内食物的数量看上去是不变的,而需要食物的人数却在一直增加。人口比生活资料增加得要快,增加的货币工资无法使需要的食物数量增加。这样在 1800 年,当谷物是 127 先令每夸脱时,很清楚,富人无法通过提高工资来帮助穷人,因为这样做只能使数量一定的谷物价格更高而已。马尔萨斯认为食物的数量实际上是固定的,因此,除非人口减少,否则,随着时间的推移,工资会下降,因为随着劣质土地也被耕种,获得食物会变得越来越困难。② 但是呈现在他眼前的完全不是这么一回事。恢复和平后,连年丰收,粮食充足。人口虽然同比上涨,但食物变得更便宜了。所以,这样的理论,只是在 1795 年到 1815 年这 20 年间是正确的。但是,一旦认为工资的高低是由人口和食物之间的比率决定的,很容易将食

---

① 参见他的 *Political Economy*, bk. iv. c. vii. 早期版本中,关于劳工阶级未来的相关章节。

② *Essay on Population*, vol. ii. pp. 64, 71, 76 (6th ed.). 实际上,英国的农业产量在 1803 年和 1813 年间,增加了四分之一。参见 Porter, p. 149。

第十一章　工资基金理论

物这一概念替换为资本这一概念,说是由人口和资本之间的比率决定的,食物和资本被错误地视为一体。[①] 当忘记了这一混淆之后,就假定始终有一定数量的工资资本存在——食物、鞋子、帽子、家具、衣服,等等——专门用来支付工资,不管是雇主还是工人都无法增加或减少它,这样,工资率就被认为是只由自然法则所规定,不为任何一个党派的意志所左右的独立存在。[②]

我们已经看到这一理论是错误的。我们现在必须代之以比较正确的理论,并借此解释劳动力市场发生的实际现象,例如,芝加哥或纽约的工资是英国的两倍,但是生活必需品的价格却更低。虽然现代经济学家已经指出了旧式工资基金理论的谬误,但是还没有哪个经济学家能够成功地给出一个完整的工资理论来代替它。我相信,包含着一套如此复杂条件的问题的确很难用一个公式解释清楚,如果试图这样做,只能导致谬误。但是,我也意识到,由于经济学家现在不能给公众提供其他合理的学说以代替工资基金理论,公众因而感觉到很苦恼,对经济学家们做出的解释也持怀疑态度。现在,一个国家的工资取决于两件事情:该国的产品总量和产品的分配方式。为了解决第一个问题,我们必须研究影响该国财富生产总量的全部原因,包括该国的自然资源、政治制度、居民的技能、知识和发明创造才能。另一方面,产品的分配,主要取决于寻找就业的工人人数和寻求投资的资本数量之间的比率。或

[①] 马尔萨斯给葛德文的信,参见 Kegan Paul's *Life of Godwin*, vol. i. p. 322; *Essay on Population*, vol. ii. pp. 93, 94; James Mill's *Elements of Political Economy*, ch. ii. p. 29 (1821)。

[②] Mill's *Political Economy* (1st edition), vol. i. p. 475.

者,换一种表达方法,我们不说:工资不是由储备的资本支付的,而是说:工资是工人所分得的产品份额。① 工人所得的份额首先取决于他生产出的产品的数量,其次,取决于他与他的雇主所能订立的合同的性质。现在,我们就可以解释前面提出的问题了,为什么美国的工资是英国的两倍。一个美国的铁厂厂主,如果被问到为什么他会支付给工人高工资,他会说,土地决定了美国的工资率,因为根据"自由宅地法",任何人都可以以一点名义上的价格获得一片土地,除非能够得到比耕作这块土地更高的报酬,没有人会去做炼铁工人的。② 现在,西部各州的土地非常肥沃,虽然平均收获量比威尔特郡的土地还低,但是回报和所费劳动之间的比率仍然更大。而且,由于劳动力缺乏,工人必须要被哄得开心才行,他在与雇主谈判的时候处于一个有利的位置,可以取得一份较大的产品份额。这样,农业工资就非常高,这也解释了为什么美国制铁业和其他行业高工资的原因。因为这种高工资,制造商不得不大规模使用机器,而且我们英国的许多机器,例如莱斯特的制靴和制鞋机器,都是美国发明的。更好的机器使得劳动的效率更高,使每一工人的生产量更大。而且,据资本家们的证言,美国的工人比英国的工人工作更勤奋,因为他们是怀着希望在工作。他们相信,通过

---

① Cliffe-Leslie 先生最早在一篇文章 "Political Economy and Emigration" (*Fraser's Magazine*, May 1868)给出了这种解答;但其全面的论述,最早是由 Walker 先生在《论工资问题》(*Wage Question*)一书中做出的。

② *Trades-Union Commission* (1867), qu.3770 (Report II. p.3). 一位铁匠师傅 A.S. Hewitt 说:"在我国(美国),工资率主要是由一个人从耕种的土地中所能得到的利润决定,而他在这块土地上所投入的,只是他和他的家庭所付出的劳动,几乎没有其他。"

自己的积蓄,可以有一个光明的前途。这样,美国人生产的产品就多,工人得到的份额就大。因此,美国高工资的原因就是,工人生产出来的产品多,竞争对他们有利。

但是,在美国,还有影响工资率的其他因素是对工人不利的。例如,保护政策提高了许多普通商品的成本,如刀具,从而减少了实际工资。也是由于保护政策,资本家可以通过牺牲工人的利益,获得超额的利润。通过联合和组成小集团,他可以控制市场,不仅可以操纵价格,还可以决定工资率。六七年前,整个宾夕法尼亚无烟煤的生产都控制在少数几家公司手中。因此,在"1877年劳工战争"中,工人们宣称,他们虽然不介意工资由竞争来决定,但是绝不容许他们的工资由一些小集团来决定,这些小集团将会引发革命。只是由于工人们向西部的大移民,才打破了这些公司的垄断。在这个例子中,美国的经验表明,随着产业的发展,行业如何逐渐集中到少数人手中,从而导致垄断的危险。甚至有人断言,自由贸易必然导致大规模的垄断。这种情况也许在像美国这样一个对内而非对外实行自由贸易的国家是正确的,但是也许只有在这样的国家是正确的。因为外国的竞争会阻止一部分资本家控制整个市场。

我已经说明了,为什么美国的工资比英国的高。我们还可以研究英国的工资为什么比其他欧洲国家的高。一大原因就是英国生产的财富总量更大,还有许多物质和道德的原因。主要的物质原因是我们无可匹敌的煤铁储藏量,也许最重要的是,我们的地理位置。在道德方面,我们有利于自由的政治制度,使个人的活力和勤奋发展到了其他国家闻所未闻的程度。但是另一方面,由于英国工人失去了土地,这必定会倾向于降低工资。毫无疑问,大农场制的采用,将工人赶入了城镇,使得那里的就业竞争非常激烈。但是,也正是由于工人们无法向土地转移这一事实,使得英国制造业劳动效率很高,对由竞争造成的不良影响起到了抵消作用。当美国一家棉纺厂的工人每三年就会全部换一遍的时候,在英国,工匠"固定于自己的行业,"而且培养他的孩子也干这一行。这样,就形成了一些世袭的职业团体,他们继承了前辈的才智,使得劳动更有效率,能生产更多的产品。我相信,与欧洲大陆相比,在英国流行的高工资主要是因为劳动效率更高——这是产品总量更高的主要原因。但是,如果我们进一步追问,什么决定了产品的分配,回答一定是:主要是竞争。再回到与美国的比较上,英国工人之所以工资比美国的低,就是因为在英国劳动力过剩的市场上就业竞争太激烈。

我必须谈一下对上述工资理论的一种反对意见。我已经解释了,工资是工人所分享的产品份额,是由这些产品份额来支付的。但是,也许有人会说,当我们的新法院或者一艘装甲舰正在建造的时候——在竣工之前,工程会耗费很长时间——怎么能说工人是由产品来支付工资呢?的确,在劳动进行期间,工人是靠别人的产品维持生活的,而且,除非一些大资本家有积蓄的资本或者借入的资本,工人就无法得到支付。但是,这和工资率没什么关系。工资率是由产品的数量决定的,它和支付方法没什么关系。资本家所做的,只是为了方便,提前支付了工人所享有的份额而已。

我们接下来研究的是,在任何特定行业中,工资上升的界限是

第十一章 工资基金理论

什么？答案取决于两件事情。首先，资本家正在得到的是否超过了一般的利润率？如果没有，他就会拒绝提高工资，理由是他负担不起更多工资的支付。例如，如果一位仲裁员检查了账簿，他可能就会这样说。他这样说的意思就是，如果雇主必须提高工资，他就不得不满足于获得比在其他行业投资更低的利润。然而，事实上，资本家常常会获得非常高的利润，在这种情况下，工会可以成功地迫使他们与工人分享这些超额利润。其次，虽然雇主得到的只是一般的利润，他的工人依然强大到可以迫使他支付更高的工资，那么，只有当他能够靠提高商品价格以补偿损失，他才会长期这么做。这样，在某一特定行业提高工资的第二个界限就是消费者能够为产品所支付的金额。工人们往往因为没有考虑到这一点而犯错误，他们抑制了对他们所生产的商品的需求，从而给他们的雇主和自己都带来了损失。① 那么，在一个特定行业提高工资的界限就是：当工资的提高会把雇主赶出这一行业，或者，当商品价格的提高会抑制商品的需求。不过，当我们谈及一国的整个行业时，我们可以完全忽略价格，因为当贵金属的价值不变的时候，就不会发生价格的全面上升。那么，国家的全体工人，通过良好的组织，能够迫使雇主们接受较低的利润吗？如果发生总罢工，雇主们做出让步是否符合自己的利益？无法预先回答这样的问题。这将纯粹是一场双方力量的考验，结果无法预料，因为这类事件以前从未真正发生过。虽然现在比以往任何时候都更接近这种假想的状态，

---

① 例如，在 1850 年至 1864 年间，马蹄钉行业的工资上涨了 50%，但是从那以后，"有段时间，马蹄钉工人连以前一半的工作也找不到，他们的工资也随之下降。"——Timmins, p.116.

但是依然没有一个全国性的工人组织存在。

但是,假设工人们在这样的罢工中胜利了,我们要问,从长远上看,这种工资普遍上升的结果是什么?数种结果中的一种,也许会跟着发生。由于雇主们的报酬减少,他们的人数也会减少,对劳动力的需求也会接着减少,工资就会下降。或者利润率的下降会抑制资本的积累,这样对劳动力的需求也会下降。或者与此相反,工资的上升也许是永久性的,雇主们的报酬依然很充分,资本的积累也没有受到抑制。最后,或者高工资导致了更高的劳动效率,在这种情况下,利润不会下跌。我们无法根据一个先验的论据来断定哪一种结果会实际发生。

回到我们的时代,我们可以用这些原理来解释在1790年到1820年间工资为什么下降。在这一时期,地租增加了一倍,同时,利息也增加了一倍(这顺带表明了在这一点上,乔治先生的理论是不正确的),①但是工资却下降了。我们可以看一下波特先生的估计。"在少数事例中,确有工资的提升,但这只是发生在那些熟练工匠身上,但即使是他们,工资的提高相较于生活必需品成本的提高,也是完全不相称的。一般的工人……对于高物价,连这种部分的补偿也未能参与,……与战前所得的工资,完全或者几乎完全一样。"在1790年,熟练工匠和农场工人的周工资分别可以买82和169品脱谷物;在1800年,他们分别可以买53和83品脱。② 根据当时的一位作者巴顿先生的记述,1760年到1820年间的工资,

---

① *Progress and Poverty*, book iii. Ch. vii. p. 197.
② *Progress of the Nation*, 1847, p. 478.

第十一章 工资基金理论

"以货币来估计,上涨了100%,以商品来估计,下跌了33%"。[①] 这种下跌的原因是什么？让我们首先来看一看工匠和制造业工人的情况。就他们的情况而言,一个原因就是一连串的歉收。为了说明歉收是如何影响制造业工资的,我们必须依靠演绎的方法,而且要假定一些条件,由此推导出我们的结论。让我们假定有两个相邻的村庄,一个从事农业,另一个从事手工业,前者的土地为地主所有,由农场主雇用的工人耕作。假定制造业村庄靠交换刀具,从邻村获得食物。那么,如果从事农业的村庄收成不好,制造业村庄的每一个工人都将不得不花费更多的钱在谷物上。土地的所有者会大发横财,农场主只要能够保持住上升的价格,也能发财,如果他们能保住租约,他们就会这样做。但是,其他所有人都会更穷,因为他们损失了财富。为了得到食物,工人将不得不从他的产品份额中拿出更多,因此,对于其他商品的需求将会减少,这些商品就是为了工人的消费而生产的。没有什么比农作物收成的好坏对工人影响更大的了。工人从自由贸易中收获良多,就是因为它可以中和国内农作物歉收造成的影响。当我们这边歉收的时候,我们从美国可以获得充足的谷物,工人支付的面包价格几乎和以前一样,有和以前一样多的钱留下来用于购买其他商品。甚至在今天,一些商业萧条也普遍和农业歉收联系在一起。而且,虽然自由贸易减轻了歉收在特定地区的影响力,却扩大了它影响的区

---

① *Inquiry into the Depreciation of Agricultural Labour*, by J. Barton (1820), p.11. 1801年,在Suffolk的Bury,一名工人回忆说,当工资是5先令的时候,为了在1801年时购买以前5先令所能买到的东西,他们就要花1镑6先令5便士。他们的实际收入就是9先令再加上来自济贫税的6先令,一共是15先令。

域——巴西发生的一次歉收可能会损害到英国的商业。

下一个需要被考虑的因素,是这一时期落到工人身上的巨额税收,甚至晚至1834年,工人们一半的工资都被税收拿走了。还有国债的增加。战争期间,我们名义上借了600 000 000英镑,虽然由于举债方法的原因,实际进入国库的只有350 000 000英镑。因为所有这些资本都是从生产性产业退出来的,因而对劳动力的需求也随之减少。最后,工人还经常被以劣币支付,制造商为此目的购买了大量的劣币。工人还被实物工资制所剥削,通过这种方法雇主变成了零售商,从而有力量无限地提高其商品价格。

这些原因中,有的对农业和制造业工人都有影响。当然,他们同样为农业歉收所苦。但是,就像在前几次演讲我们看到的,这一时期存在着一些专门影响农业工人的农业和社会变革。圈地夺走了工人的共有地权利,在圈地以前土地就已经被耕作的地方,圈地不仅剥夺了工人成为农场主的希望,也减少了对工人劳动的需求。再说一件看起来很小,但其实很严重的损失,圈地断绝了工人牛奶的供应,这些牛奶是由那些在共有地上放牛的"小民"提供的。工人还因为小屋租金的大幅提高受到影响。德鲁蒙德先生,一位萨里郡的治安法官,1824年告诉工人工资委员会,他记得在战前一个有着不错菜园的小屋租金是30先令,但是在他现在说话的这个时候,同样的小屋租金要达到5镑、7镑,或者10镑。

这种租金的上升,是因为我们前面已经评论过的各种原因,由于人口的增加,雇工被从农场主家里赶了出去,还有,在人口稠密的村庄里小屋被扒倒。当工人们在荒地上建造小屋以弥补不足时,农场主就将它们推倒,如果工人们再建起来,农场主就拒绝雇用他们,结果,这些工人就变成了窃贼和偷猎者。[①] 在这一时期,另外一件很常见的事就是,农场主有绝对的权力决定工资应该支付多少,无知的工人们完全听命于他们。这里有两个事实证明了他们的屈从地位。在一个例子中,有两个贫民家庭,每个家庭一年就要使他们的教区花费至少 20 镑,后来他们被免费给予了一英亩土地,济贫税也就相应地减少了。但是,虽然这个实验成功了,却未继续下去,"以免工人变得独立于农场主。"[②]这是一名埃塞克斯的农场主在 1793 年说的一段话,"我更愿意给他们增加工资,因为他们从未要求增加,他们有权期望更高的工资,却满足于现在与之相比较少的金额。"这一时期的农业工人在与雇主签约时,完全处于一种无助的状况。农场主不是唯一从工人的状况恶化中得利的阶级,这一时期的高地租,经常是从工人的口袋中支付的。这一时期战争花费巨大,农业歉收,产业出现变革。工人阶级的不幸部分是不可避免的,但是他们的不幸很大程度上也是人类不公正和自私的结果,是由于地主、农场主、资本家对在特殊情况下置于其手中的权力的滥用。

---

① *Committee on Labourers' Wages* (1824), p.47.
② 同上,p.48。

第十二章　李嘉图与地租的增长

在政治经济学中,就像在其他科学领域一样,对研究方法进行仔细的研究是绝对必要的。在本次演讲中,这一关于研究方法的主题具有特别的重要性,因为我们现在要研究的作品,其作者具有异乎寻常的智力和活力,他超乎其他任何思想家之上,在经济学的研究方法上留下了自己的思想烙印。但他如果更加注意到,其所使用的研究方法的必要局限性,也会免除若干错误的发生。的确,在人类的实践活动中和社会问题的理论思考上,大卫·李嘉图可能都比亚当·斯密产生的影响更大。他的著作既是中等阶级的一大支柱,也是他们最可怕的威胁。后者,是因为从他的著作里直接产生了两部社会主义的伟大教科书,卡尔·马克思的《资本论》和亨利·乔治先生的《进步与贫困》。而且,在30年或者40年的时间里,在证明现存社会状态的合理性上,没有哪位作者能够比李嘉图的著作做得更多。

李嘉图在一生中对外部世界的兴趣很小。他靠着杰出的金融才能在股票交易所发了财,然后就隐退,专心著作。在他做议员的有限几年间,他在影响立法者的看法方面发挥了很大的作用(哈斯基森可以对此作证),甚至影响到了那些乡绅们——这是一件令人瞩目的事情,因为他的演讲是极为抽象的,很少提及当时的政治,

第十二章 李嘉图与地租的增长

就像我们从他书中各章看到的一样。我们可能会注意到他的演讲所产生的一个直接影响:在恢复现金支付上,他的演讲发挥了决定性的影响。在私人生活方面,他和边沁以及詹姆斯·穆勒交往很多。

詹姆斯·穆勒,就像边沁和奥斯丁一样,是演绎法的忠实信徒,而且,李嘉图采用演绎法,就是部分地受到了穆勒的影响。穆勒是他最伟大的朋友,正是穆勒说服了李嘉图进入议会和出版他那伟大的著作。事实上,李嘉图的政治观点不过是反映了詹姆斯·穆勒,以及那个时代其他哲学激进派的政治观点而已,虽然在政治经济学上,他是他们的老师。从1817到1848年间,李嘉图毫无争议地统治着英国的经济学,虽然自那时起,他的至高地位不时受到挑战,但绝对没有被完全推翻。他的影响如此之大,使其研究方法也成为了当时经济学家们公认的方法。为了了解他的研究方法影响有多大,诸位应该从他和他的那些追随者的著作,转向亚当·斯密,或者亨利·梅因先生,在他们那里你会接触到另外一种不同的思维模型,将会发现自己置身于一种完全不同的精神氛围里。那么,李嘉图所使用的这种演绎法是什么呢?它在于从一个或两个极为简单的命题出发进行推理,得出一系列的新法则。他总是使用这种方法,例如他的一个著名的基本原理,即,所有的人在所有的事情上,都是追寻自身利益的。这一假设的缺点在于,作为一种关于人性本质的理论,它太简单了。人们并不总是知道其自身的利益所在。白芝浩曾指出,被第一次议会改革法案赋予选举权的10镑房主,1832年后是社会上承受税收最重的阶级,虽然补救措施就在他们自己手里。因为他们既无知又漠然。而且,即使他们知道自己的利益所在,也未必总是会去追寻这些利益。其他的一些影响因素会介入其中,如习惯、偏见,甚至恐惧。凯恩斯坦白地承认了存在于李嘉图方法中的这些缺点。① 但是为了使经济学家们明白,需要根据事实和观察来验证他们的结论,大约花费了30年或者40年的时间。② 自1848年以后,他们的态度改变了,现在大家知道,我们必须坚持依靠历史的知识,对我们假设的前提进行验证,对得出的推论进行检查。

李嘉图从非常简单的数据,推演出了一个非常著名的产业进步法则。他说,在一个前进的社会里,地租必定上升,利润必定下落,工资基本保持不变。③ 从实际发生的情况我们发现,这一法则经常是正确的,应用中是合乎逻辑的,虽然克利夫·莱斯利先生对它完全予以否定。但是,不能认为它是一个普遍的法则。另一方面,历史方法依靠自身无法给我们一个进步的法则,因为它所依赖的许多经济学上的事实还不为我们所知。所谓历史方法,就是对经济发展过程进行实际的观察,从这一过程中推演出关于经济进步的法则。这一方法,虽然在检查推演结果时最为有用,但这一方法本身,却充满危险,因为它倾向于建立很不完整的概括。例如,H.梅因先生和M.拉维耶先生对土地占有进行了研究,并从中得出结论:土地产权总是在从集体所有向私人所有运动着。英格拉

---

① *Logical Method of Political Economy*, p.42, 2nd ed., 1875.

② 1848年发表于 *Fraser's Magazine* 上的一篇关于穆勒的《原理》一书的评论,最先指出了这一点。

③ *Works*(M'Culloch's edition, 1876), pp.54, 55, 375.

第十二章 李嘉图与地租的增长

姆先生①也间接地提到了这一法则,认为它是正确的,的确存在着一种朝向地产私人所有的自然倾向。他将他的论点建立在从爪哇到设得兰的普遍事实上,认为这一倾向是永恒的,这看上去是一个合理的结论。但是在今天,存在着一个显著的、朝向以集体所有代替个人所有的运动,这是因为在关于土地产权应该建立在什么样的基础上,人们的观念逐渐发生了变化。穆勒在1848年指出,如果哪里的耕作者不同时也是所有者,哪里就无法为私人所有制辩护。后来,他主张没收土地的自然增值。② 如果我们问,"他是正确的吗?"则回答一定是:每一种社会制度,都需要经过检验,看它是否符合功利的原则和是否对全体国民的福祉有益。因此,如果土地的私人所有制不能通过这个检验,那就不能再继续下去。对于利率,也是这样:旧式的经济学家,为了鼓励资本积累,曾坚持一定利率的必要性。但是我们公平地问一句,对于资本的使用,报酬率是不是太高了——我们难道不能以更容易的条件得到充足的资本供应吗?这些思考说明,在预言产业进步的实际发展路径时,我们一定不能满足于因为过去存在着一个朝向某一方向的运动——例如,一个从身份到契约的运动——就说将来这一运动也将继续下去。我们必须时时不忘运用检验的方法,它符合现在紧迫的人性需要吗?

我已经提到,李嘉图对立法的影响是两方面的。他对通货和金融这种特殊性质的议题产生了直接的影响;另外更加引人关注

---

① *The Present Position and Prospects of Political Economy*, p.22.
② 参见 *Dissertations and Discussions*, vol. iv., 土地产权改革协会的文件。

的是，他的理论对一般性立法也产生了影响。关于金融，他的小册子是我们货币制度的真正辩护，所有想掌握通货原理的人现在仍然要读他的这些书。至于其他立法，他和他的朋友不仅帮助废除了妨碍商业发展的一般性限制，还帮助废除了特别针对工人的那些限制。当约瑟夫·休谟在1824年提出取消结社法的时候，还特意指出他是受到了李嘉图的影响。但是，虽然李嘉图主张废除损害工人的限制措施，但是他也不赞成对工人有利的限制措施。他嘲笑"实物工资法案"，支持工厂主们反对工厂法——这种反对，如果大家还记得的话，虽然仅仅是由阶级利益所驱动，却是打着当时被广泛认可的经济学原理的旗号而得到支持的。

这样，就像我称呼他的那样，李嘉图成为了中等阶级的支柱。他的论文里充斥着自然法的思想，好像是在为现存的社会体制辩护，认为现存的体制是必然的。因此，他的学说成为了反对立法干预，或者任何修改现存制度提议的最方便的武器。也因此，虽然他的实际结论阴郁且令人沮丧，但却毫无疑义地被大多数他同时代的人所接受。不过，另一学派已经崛起，他们承认在现有的社会状况下，他的结论是正确的，但是却看穿了他的"自然法则"的谬误。这些人就是社会主义者，通过他们，李嘉图成为了中等阶级的恐怖威胁。社会主义者相信，通过改变李嘉图认为不可改变的社会状况，李嘉图的结论就可以被避开。卡尔·马克思和拉萨尔采纳了李嘉图的工资法则，但是他们认为，既然根据这一法则，在现有的社会制度下，工资永远不可能多于仅仅维持工人的生存，我们就一定要重新思考社会的整个基础。马克思也完全接受了李嘉图的价值理论。李嘉图说，产品的价值是由花费在其上的劳动数量决定

第十二章 李嘉图与地租的增长

的。马克思由这一论断推导出了另一原理,即,产品的所有价值都属于劳动,工人们不得不与资本一起分享产品,就是受到了剥削。

最近的社会主义作家,亨利·乔治先生,也是一位纯粹和完全的李嘉图信徒,他的《进步与贫困》这本专著的整个目的,就是要证明,随着社会的进步和财富的增加,地租一定会上升。[①] 李嘉图曾推论说,因为这种进步而变得更加富裕的,既不是工人,也不是资本家,而是地主。乔治先生的进步理论也是如此。他试图说明在利息法则和工资法则之间存在着一种联系,他认为它们将同时上升和下降,除此之外,他的结论和李嘉图的结论几乎没有什么区别。在乔治先生之前的其他作者,也很清楚地看到了这种地租法则,德国经济学家勒斯勒尔曾说:"如果不对地租法则进行修正,任其这样发展下去,政治经济学将只能成为一种人类堕落和贫困的理论。"[②]

现在,让我们看一看李嘉图将他的法则(在一个进步的社会里,关于地租、工资和利润的法则)建立在什么样的前提上。他认为,人口的压力会迫使人们不得不去开发劣等的土地,因此,农产品的成本就会增加,地租也会随之增加。但是为什么利润会下降呢?因为利润依赖于劳动力的成本,[③]而决定劳动力成本的主要因素是工人消费的商品成本。李嘉图假定生活的舒适标准是固定

[①] 我们发现,Cairnes 教授依据李嘉图的前提,在理论上得出了几乎完全一样的结论。参见他的 *Leading Principles of Political Economy* (p.333),出版于 1864 年。当然,他也没有像乔治先生那样,得出社会主义的结论。

[②] Roscher's *Grundlagen*,p.352,引自 Roesler,*Grundsatze*,p.210。

[③] 这是接受了穆勒对李嘉图理论的修改。参见他的 *Political Economy*,vol.i. p.493(1st ed.,1848)。

的。因此,如果一块4磅重的面包成本增加,工人如果要得到相同数量的面包,他的工资就必须增加,因此利润就必须下降。最后,为什么工资要保持不变?因为,假定工人的生活水准是固定的,工资的上升或者价格的下降导致的只是人口的同比增加。地租理论的历史非常有趣。但是它不在我们的研究范围之内,所以我只能简单地提一下。亚当·斯密在这个问题上没有清晰和一贯的理论,对于地租和价格之间的关系也没有明确的观点。关于这一问题的现代学说最早出现在一本出版于1777年的小册子里,也就是《国富论》出版的次年,作者是一名叫詹姆斯·安德森的农场主。[①] 但是它当时并未引起多少人的注意,直到马尔萨斯在他关于谷物法的小册子里,和爱德华·维斯特爵士同时重述了这一学说。[②] 但是,如果这一理论一直停留在他们陈述它时的状态,它也不会有多大影响。使这一理论产生广泛影响的是李嘉图,他为地租问题而困惑,就紧紧地抓住了这一理论,将其结合进了他的关于价值和经济发展的整个学说。

李嘉图两个伟大且具有积极意义的结论是:首先,地租的主要原因是,随着文明的发展,人们必须耕种劣等的土地;其次,地租不是价格的原因而是它的结果。[③] 这一理论虽然受到了怀疑和批评,但是几乎所有的反对都是出自那些未能理解它的人们。我们

---

① *Inquiry into the Nature of the Corn Laws* (Edinburg, 1777).

② *Essay on the Application of Capital to Land*, by a Fallow of University College, Oxford (1815); *Observations on the Effect of Corn Laws* (1814), by Rev. T. R. Malthus.

③ 注意许多教科书中用语的含糊。当它们说"地租不是价格的要素"时,它们的意思是地租不是价格的原因。例如,工场支付的巨额地租,是棉纱价格的一个要素。

第十二章 李嘉图与地租的增长

可以肯定地说,作为一种关于地租原因的理论,如果撇开李嘉图的整个产业发展学说不说(地租理论构成了整个学说的一部分),这一理论是正确的。对此唯一值得重视的反对意见是,在现代,地租上升的原因与其说是必须耕种劣等土地,倒不如说是由于农业的改良。但是当索罗尔德·罗杰斯教授①据此攻击这一理论的时候,他只是证明了,李嘉图忽略了一些自中世纪以来导致地租增加的重要原因。

那么,什么是导致征收地租的最终原因呢?首先是土地的肥沃程度和劳动者的技能,据此一个劳动者能够获得超过维持其生存所必需的产品,这使地租在物理上成为可能。其次是土地在数量上和质量上都是有限的这一事实,这是说,就地理位置和肥沃程度而言,人们最渴望得到的土地数量是供不应求的。这就使得地租的征收得以成立。② 早期的美洲殖民者不交地租,因为对每个人而言,他们都能得到充足的土地。但是 20 年后,由于人口的增加,他们就要支付地租了。让我们看一看在这种情况下到底会发生什么。一个城镇建立在海岸边,随着它的发展,住在城镇里的人们不得不从一定的距离外获得部分食物。假定种植每 5 蒲式耳谷物并将其运到城镇里的成本是 20 先令,而在城镇附近种植,每 5 蒲式耳谷物的成本是 15 先令(我们假定后者的运输费用为零)。

---

① *Contemporary Review*, April 1880.

② 例如,"不同的地理位置和土地的肥沃程度会产生不同的结果,在喜马拉雅山区,耕地位置低的农夫要将收获物的 50% 交作地租,而位置高的农夫只交不到 20%。"——Roscher, *Political Economy* (English translation, Chicago, 1878), ii. 19. 在布宜诺斯艾利斯,"不久之前,一英亩土地,离首都的距离是 15 Leguas(西班牙里),价值是 3 便士到 4 便士,如果距离是 50 Leguas,就只值 2 便士。"——同上, ii. 28.

那么,两者相同数量的谷物以相同的价格出售,后者盈余的 5 先令就会成为地租。这样,我们发现地租的产生是因为谷物以不同的成本进入市场。再过 20 年,地租会进一步上涨,因为品质或者位置更差的土地也会被耕种。但是,地租上涨的直接原因不是由于耕种劣等的土地,而是由于人口的增加,从而必须耕种劣等的土地。

我们回过头来再说罗杰斯教授提出的问题,关于农业改良对于地租的作用,我们注意到,关于这一问题的争论首先是在李嘉图和马尔萨斯之间进行的。李嘉图认为农业改良将会导致地租的下降,马尔萨斯则持相反的意见,而他是对的。就以我们上面讨论的城镇附近的一英亩土地为例,最初的产量是 5 蒲式耳小麦,但是经过改良,可以生产出 40 蒲式耳。如果小麦的价格保持不变,并且经过改良后土地都可以提高到相同的产量,地租现在将会是 40 先令。但是在过去也有一些例子,一些地方经过农业改良后,地租下降了。例如,在三十年战争期间,瑞士人向德意志西部地区供应谷物,进行了一些农业上的改良,以解决需求的压力。在威斯特伐利亚和约以后,需求下降了。瑞士人发现他们的生产已经供过于求了,价格下降了,结果,地租也随之下降。①

罗杰斯教授反对李嘉图理论的另外一个理由,就是它未能解释地租的历史起因。"地租"一词的含义是模糊不清的。它曾经被用来指对骑士服役的报酬、宗教部门履行职责、农奴的劳动以及由该劳动转化为的货币数量。在李嘉图的口中,它的意思只是由资

---

① Roscher, op. cit., ii. 32, note.

本家农场主支付的货币地租,他们的目的是希望获得利润。但是,这种竞争性的地租只是到了詹姆斯一世的时代才出现。①

地租理论中的最后一点是地租和价格之间的关系。在李嘉图的时代以前,那些最具有实际经验的人们认为地租是价格的原因。李嘉图回答说,在英国存在着没有支付地租的耕地,或者至少在农业中存在着不需要支付地租的资本。因此,在市场上存在着没有支付地租的谷物。是那些种植于最贫瘠土地上的谷物的成本,决定了同一市场上所有谷物的价格。② 当他说在英国存在着不需要支付地租的土地时,他可能是对的。但是,即使是所有的土地和所有农场主的资本都支付地租,也不会影响论点,即地租是价格的结果而不是它的原因。我们可以断定,现在地租是由两件事情决定的:人口的需求,可利用耕地的数量和质量。在谷物价格固定的情况下,地租是由这些因素决定的。

现在,让我们再转向事实,看一看我们的理论是如何运作的。我们将以1790年到1830年间地租的上升为例,看看它是如何发生的。主要的原因是:(1)农业的改良,其中主要是敞田制的解体,使得农作物的轮作成为可能,同时促成了农场的合并(在这些大农场,农户的房子建立在农场的中央),还有机械和肥料的引进;(2)在机械发明的刺激下人口的巨大增加;(3)连年的歉收,将谷物的价格提高到了前所未有的程度;(4)供应的限制,英国不得不靠自己的产品供应国民的食物需求,因为在这一时期的第一阶段,所

---

① *Contemporary Review*, April 1880.
② *Works* (M'Culloch's ed., 1876), p.40.

有来自海外的供应都被战争切断了。后来,施加了越来越高的保护性关税,随着1815年谷物法的出台达到了顶点。但是,1815年后,地租下降——不是特别大——发生了,当时的人们对此感到十分迷惑。这是一次农业改良和农业丰收突然同时发生的结果。在一段时间里,谷物的产量过剩,小麦的价格也随之从90先令跌到了35先令。这一事实成为了李嘉图错误观点的解释,即农业改良倾向于减少地租。由于他的思维方式不像马尔萨斯那样具有历史意识,他没有认识到这一农业改良的效果是十分偶然的。事实上,这一事例,还有上述瑞士的例子,以及大约在1820年德意志地区发生的相似的事情,只是历史上具有这样效果的仅有的例子。后来的一段时间里发生了巨大的农业歉收,由于农场主们不能将地租跟着价格做同比的下降,因此许多人尽管以前根据有利的租约获得了巨额利润,现在却纷纷破产了。直到取消谷物法,农场主阶级都没有完全恢复过来。但是,地租的下跌是暂时的和例外的。从整个历史时期看,它的显著特点就是地租的上升,这种上升是因为前述的那些原因:人口增加带来的需求增加,以及可利用土地在数量上的限制和质量上的改进。

到目前为止,我们一直在探讨关于农业地租的理论。现在我们转向一个也许更为重要的题目:城镇中的地租。如果说农业用地的地租已经大幅上升,那么城镇内地租的上升就更加引人注目了。伦巴德街上一栋属于德瑞普公司的房子,1668年时租金是25镑,在1887年仅房子所占的基地租金就达到2600镑。我们如何解释这种情况呢?这是因为大城镇的成长和发展,使得在大城镇中能够生产出更多的财富,是因为艺术的发展,以及银行业和信用

第十二章 李嘉图与地租的增长

的发展。那么城镇地租是价格上升的一个原因吗？当然不是。地租可能是决定价格的一个因素，但是实际支付的地租数额取决于两个事情：人口对商品的需求（这决定了价格），和特定商业用地的价值。

这些思考使我们想起一个现在经常被提出来的问题：地租是一个国家能够废除的东西吗？它是一个人为的制度，还是我们无法控制的自然原因的结果？如果我们废除了地租，其结果，就如李嘉图所说的，只是地租落到了农场主的腰包里，他们中的一些人就会生活得像绅士一样。地租本身是自然原因的结果，但是谁将得到它，却是在我们权力范围之内的。这虽然看起来是一个极为重要的事实，但是它的重要性很大程度上取决于英国地租未来的走向。因此，我们必须研究李嘉图的假定——在一个进步的国家里地租必定上升——这句话是否正确。许多人的想法与之相反，认为我们现在正处于一个农业地租必将长期下降的前夕。而且，如果地租持续下降，这个问题就将变成一个越来越不重要的问题。随着交通手段的发达，我们可以为满足特定地段的需求，提供越来越多的可用土地。随着供应的增加，达到一定程度时，土地的价格必定会下降。在英国，社会的原因也会影响地租，而且这种社会变化似乎已经是迫在眉睫，它将会马上降低除了农业用地以外其他土地的价值，增加农业用地的数量。这种变化同样倾向于减少地租。因此，我们可以说，由于存在着地租长期下降的迹象，所以，一场将地租由私人所有者手中转移到国家手中的革命，因为国家所能获得的地租数额的原因，将变得不是那么必要了。这样的一场革命所带来的损失和破坏将是难以弥补的。

但是,城镇的地租会下降吗?我们在这里难以预测。例如,我们无法预料伦敦是否还会像此前一样继续快速发展。现在它是世界的金融中心。但是由于电报更加广泛的使用,有可能它不再能够保持住这一卓越的地位。地方城镇的衰落,很大程度上是因为大地产的发展,使得这些地产的业主可以在伦敦生活和消费。但是,如果这些大地产被打破和分割,伦敦就将不再是时尚的中心了,或者不再拥有如此众多追求时尚的人口了。而且,政治肯定不再倾向于集中在伦敦。而且,交通工具的进一步发明和电力更广泛的使用,会导致人口的进一步分散。

第十三章 关于经济进步的两种理论

自从1848年穆勒在他的书中讨论了工人阶级的未来以后,关于财富分配的问题就变得更加重要了。今天,我们环顾周围的政治现象,不可能看不到这一问题处于所有这些现象的根底。我们看到了人们在此问题上所处的困境,以及我们的大政党在此问题上的分裂,因为政治家们不能确定应该如何解决它。现在政治权力已经大大地分散了。不管民主有怎样的弊端,它有这样一个好处,那就是它迫使人们对大众所受的苦难睁开了眼睛,并且更加热心地研究能否找出了一个更好的财富分配方法。广大的工人阶级是否能够在现有竞争和私有制的条件下,提高自身的生活水平,经济学家们对此问题已经做出了回答。李嘉图和亨利·乔治两人都回答说,不行。而且前者还提出了一个经济发展的法则,根据这一法则,地租必定上升,利润和利息下降,工资则保持不变,或者可能会下降。那么在地租的上升和工资的下降之间存在任何因果联系吗?李嘉图认为没有。根据他的理论,利润和工资的决定是与地租无关的。地租的上升和工资的下降也许是因为相同的原因,但是其中的一个并非是另一个的结果,地租的上升并不以牺牲工人为代价。但是来自实践中的意见与此相反。从来自农场主和土地代理人的证据我们看到,大家普遍相信农场主所交的地租部分来自于工人们的腰包。"如果谷物的价格下跌,农业工资也会下降,除非地租也能相应地下降。"这是 1834 年议会委员会调查中的证词。① 十年前,这种联系在爱尔兰得到了承认,1870 年土地法案就是建立在这样的信念上,即:高额租金并非是资本和劳动获得合理报酬后所留下的剩余,对地租上升的唯一限制是农民的最低生活需要。在英国曾认为,利润和工资是不依赖于地租独立决定其限度的,但这不是普遍正确的。在农场主承受高地租的地方,他们就转过来压榨工人。这样,甚至在英国,地租也是从工人那里收取的。这不是一种见解,而是一种事实,由代理人、教士和农场主本身提供的证据所证实。关于这一事实看起来准确的说法是,在某些情况中,高地租是低工资的一个原因。

在某些条件下,地租对于工资的直接影响与拉萨尔取自李嘉图的"工资铁律"十分不同。据李嘉图所言,对工人们来说,在现存的产业制度下提高他们的地位是不可能的,因为如果工资上升,人口也会跟着增加,工资就将又回到自己原来的水平,因此工资不可能存在任何永久性的上升。的确,李嘉图没有否认,在不同的国家,生活舒适的标准也不相同,而且在同一个国家,也因时代不同而异。但是,他只是在附带说明时承认这种情况,他看起来并不认为它们对人口问题有什么重大的影响,它们也不会影响他的主要

---

① 参见 *Agricultural Commission*,1882,vol. iii. pp. 37–38;Kebbel's *Agricultural Labourer*,p. 22;Heath's *English Peasantry*,pp. 67,348。Kebbel 先生的陈述证实了文中的论断。他说:"现在的作家可以指出,不止一处大地产常年只支付很低的地租,但是那里工人的工资也可能是最低的,虽然佃农的注意力常常被引向这种非正常的情况。"

第十三章 关于经济进步的两种理论

结论。例如,他认为,对谷物所征的税收完全是由利润负担的,因为工人所得的工资已经是最低的了。对于那些最下层的工人而言,这句话也许是对的,但是它肯定不能适用于工匠们,对于现在英国的大部分工人阶级也不适用。对于他们,不管是说他们所得的是最低的工资,还是说他们的进步存在着无法克服的障碍,都是不正确的。让我们转向事实证据,看一看自1846年以来,工资是否上升了。亨利·乔治说自由贸易没有为工人做任何事情。① 在1848年,穆勒也做了相同的预言。凯恩斯教授也得出了非常相似的结论。他在1874年的著作中曾说:"国家增加的大量财富,既未流向利润,也未流向工资,更未被普通大众所得,只是使土地所有者的租册膨胀而已。"②但是,事实是,虽然生活成本毫无疑问增加了,但是工资也以一个更高的比率增加了。我们以一名木匠为例,将他作为工匠阶级里一个公平和普通的标本。1839年,一名木匠的家庭所需的生活必需品每周为24先令10便士,在1875年为29先令。但是与此同时,一名木匠的货币工资从24先令上升到了35先令。这样,他的工资不仅名义上上升了,实际上也上升了。转过头再看工人,他的生活成本在1839年大约是15先令,在1875年略低于15先令。他所购买商品的费用下降了,但是对于工匠,购买商品的费用增加了,这是因为工人将他工资的一大部分花在了面包上。与此同时,工人的工资从8先令上升到了12先令或者14先令。在1839年,只靠自己的工资他难以维持自己

---

① *Progress and Poverty*, book iv. c. iii. P.229, 4th ed., 1881.
② *Leading Principles*, p.333.

的生活。① 这些事实看起来是确切的,但是因为关于消费和货币工资的估算变化很大,所以得出确切的结论难度很大。为了找到农业工资上升的有力证据,我们不妨举一个具体的例子。在福佛尔郡的一处地产上,根据工作簿,一名最好的农业工人的年工资

---

① 一名木匠和他的妻子以及三个孩子每周的开支:

	1839年		1875年	
	先令	便士	先令	便士
8块4磅重的面包	5	8	4	4
8磅肉	4	4	6	0
1.5磅黄油	1	6	1	9
1磅奶酪	0	7	0	8
2磅糖	1	2	0	8
0.25磅茶	1	6	0	8
1磅肥皂	0	5	0	4
1磅蜡烛	0	6	0	6
1磅大米	0	4	0	2
2夸脱牛奶	0	4	0	8
蔬菜	0	6	1	0
煤和燃料	1	0	2	4
房租	4	0	6	6
服装和杂物	3	0	3	6
	24	10	29	1

一名农业工人和妻子以及三个孩子每周的支出:

	1839年		1875年	
	先令	便士	先令	便士
9块4磅重的面包	6	4.5	4	10.5
1.5磅肉和熏肉	0	9.75	1	0.75
1磅奶酪	0	7	0	8
0.5磅黄油	0	6	0	7
2盎司茶	0	9	0	4
1磅糖	0	7	0	4
1/3磅肥皂	0	3	0	2
0.5磅蜡烛	0	3	0	3
煤和燃料	1	0	1	6
房租	1	0	1	6
衣服和杂物	3	0	3	6
	15	1.25	14	9.25

第十三章 关于经济进步的两种理论

如下：

1840	£28 2 0	1870	£42 5 0
1850	£28 15 0	1880	£48 9 0
1860	£39 7 0		

根据他自己的陈述，在1810年，在这处地产上被雇佣的最好的农业工人的生活水平已经上升，因为在一封描述他生活处境的信中，他抱怨自己的开支增加了，这种增加不是因为东西贵了，而是因为现在他需要更多的商品了。

我们再以工人阶级储蓄的统计数字为证，储蓄额只能得到一个大概的估计数字，总数大约有130 000 000英镑。① 对此，我们还应该加上投资到房屋上的储蓄。在伯明翰，工匠们拥有13 000栋房屋。所有这些，和国家的全部资本相比较只是小数字，在1875年，国家的全部资本估计至少为8 500 000 000英镑，而且每年的增加额为235 000 000英镑——后面的这一数额就远远超过了工人阶级的储蓄总额。② 这一比较，可以使我们对他们的进步有一个清醒的认识，但是事实很清楚，工人阶级可以提高他们的地位，尽管是以和中等阶级不同的速率进行的。马尔霍尔先生也估计，相较于40年前，现在两个阶级之间的不平等已经更少了。他估算，富豪家庭的平均财富已经从28 820英镑降到了25 803英镑，即下降了11%；中等阶级家庭的平均财富从1439英镑降到了

---

① 这一总数是根据住房协会、储蓄银行、合作社团体、工会、互助会以及勤奋与节俭协会的统计数字，经过认真计算得出来的。

② Giffen's *Essays on Finance*, pp. 173 - 175.亦可参见 *Contemporary Review* (December 1881)上 Mulhall 的文章。

1005英镑,下降了30%;但与此同时,工人阶级家庭的平均财富却从44英镑增加到了86英镑,或者说几乎增加了100%。① 但是,即使我们不相信任何个别的估计,我们也能清楚地看到,事实证明李嘉图"任何改善都是不可能的"的命题是错误的,而且,许多人认为,现代社会的整个趋势是向着社会地位的日益平等而前进的。

那么,当李嘉图说利息和利润(他从来没有在两者之间做过清晰的区分)一定会下降时,他的说法是否正确呢?事实上,在过去的一个半世纪里,除了在大战期间,英国的利息几乎保持不变。在沃尔波尔的时代,利息是3%,在战争期间,它翻了一倍,但是,在和平后它又降到了4%,而且此后几乎一直保持在这个利率上。李嘉图认为工人的基本生活费用一定会增加,因为必须要开垦更多的土地,而且由于工人要从总产品中分享更多的份额,给资本家留下来的财富就会更少了。他忽视了一个事实,即,利率不仅仅取决于劳动成本,还取决于雇佣劳动的范围。随着文明的前进,新的发明和新的企业为资本创造了新的需求。仅仅投入到英国铁路的资本就有大约700 000 000英镑。毫无疑问,如果英国资本的投资范围被限制在英国国内,利率有可能会下降,但是,李嘉图忘记了资本可以大规模地投资海外这一情况。因此,在这一点上,不管是从抽象理论,还是从事实验证的角度来看,李嘉图的教导都是存在缺陷的。我们发现,实际上发生的事实是,虽然地租上升了,但是我们有足够的理由相信,将来它会降下来;利率没有降多少;而且,

---

① *Contemporary Review*,February 1882.他的定义是,消费额超过5000英镑的为富人家庭;消费额在100英镑和5000英镑之间的是中产阶级家庭;消费额在100英镑以下的是工人阶级家庭。

第十三章 关于经济进步的两种理论

工匠和工人的生活水平和工资水平——前者最显著,后者也在一定程度上——都上升了。

我希望接下来分析一下乔治先生关于经济进步的理论。① 不管从方法上还是结论上,乔治先生都是李嘉图的信徒。像李嘉图本人一样,他对事实和查证也非常轻视。② 通过这种方法,他成功地建构了一种法则,根据这种法则,在文明进步的过程中,利息和工资将一起下降,地租将上升。不仅是工人处于毫无希望的境地,而且资本家也注定是停滞和衰落的命运。他说:"地租取决于耕种土地的限度,随着它的下降而上升,随着它的上升而下降。利息和工资也取决于耕种土地的限度,随着它的下降而下降,随着它的上升而上升。"③资本家通过资本和工人通过劳动而得到的报酬,取决于耕种最劣等土地所得到的收获。也就是说,取决于不需要支付地租就可以利用资本和劳动的土地的品质。

乔治先生的观察得自于美国,他所做的就是将其概括为一理论,他的理论在美国的某些地方是正确的,但是在一些古老的国家却并非如此。他的书乍看上去,似乎的确令人信服。如果我们同意他的前提,那么在他的推理上几乎没有什么漏洞。但是,当用事实来验证它时,结果就出现了巨大的缺陷。利息和工资总是同时上升和下降吗?历史事实证明不是这样。在 1715 年和 1760 年间,当地租缓慢上升时(罗杰斯教授认为如此,但阿瑟·扬认为根

---

① 此处用来反驳亨利·乔治的论点,在 *Progress and Poverty* 中发表的两篇演讲中有详细的论述,这些演讲发表于 1883 年 1 月。

② *Progress and Poverty*(4th ed.),book iii.ch.vi.,p.184.

③ 同上,p.197。

本就没有上升），利息下降，而工资上升。在1790年和1815年间，地租翻了一倍，利息也翻了一倍，但工资下降了。在1846年到1882年间，地租上升了，利息保持不变，工资上升了。在这三个时期，事实都与乔治先生的理论相反。的确，地租总的来说上升了，但是，不管是利润还是工资都没有持续下降，而且，它们的变化彼此之间也不存在任何固定的联系。关于乔治先生的主要观点，即，地租一直倾向于将增加的全部国民财富都吸走，事实上究竟如何呢？例如，是否兰开夏棉纺业所有增加的财富都用于提高地租了呢？显然不是这样。工资因为机器的改进而上升，而且，大多数情况下，利润也会上升。我们可以通过统计数字证明，在英国，资本家的财富，其增加速度比地主的要快。因为在所得税的税额表上，包含着资本家利润和专业人士收入的D表，其增加额要比包含着土地收入的A表更大。同时，乔治先生极力反对大城镇中的土地私有。但是在这一点上，他只不过是更加有力地重述了亚当·斯密和穆勒的建议而已，他们主张对地租征税，认为它是所有税收中最少引起反对的。在现有的条件下，生活在大城镇中的工人阶级，因为其恶劣的居住环境，可以说是在被以一种最坏的方式课税。一个人或者一家公司将一栋建筑以一定的年限出租出去，承租人将它转租出去，转租者又再次转租。在这里，每一个阶级都在压迫它下面的那一个阶级，最下层的阶级受苦最深。这就是为什么在不远的将来，解决财富分配问题所采用的方式，就是如何解决城镇中工人的住房问题。

第十四章　工人阶级的未来

迄今为止，我已经努力向大家说明，在现在的社会环境下，工人的物质条件是能够得到提高的。现在，我希望能够向大家解释，自1846年后那些实际上有助于其提高的各种原因。在这些原因中，最重要的是自由贸易。首先，自由贸易极大地增加了国家的财富总量，因此也增加了对劳动的需求，这是一个无可辩驳的事实。其次，在商业方面，它创造了更大的稳定性，——这一点在讨论这一问题时经常被忽视。自1846年以来，相较于前半个世纪，工人们的就业变得更加稳定和规律。而且，小麦方面的自由贸易使得我们的面包价格更加稳定，这一点对于工人阶级来说具有极端的重要性，而且这种稳定性变得越来越大。从1850年到1860年间，小麦最高和最低价格之间的变化是36先令，1860年和1870年间是24先令，而在最近的十年间只有15先令。因为工人花在面包上的支出变得越来越稳定，他剩下来花在工业产品上的数额变化也越来越小。结果，这些产品的价格也就变得更加稳定。但是，也许有人会问，为什么会发生自1877年后最近的这次大萧条？我认为答案是因为购买我国商品的一些国家经历了严重的歉收而购买力下降。而那些遥远的国家没有能力购买我们的棉纺织品，兰开夏的织工不得不以更低的工资工作更少的时间，并且，在一个产业部门的萧条会波及到其他产业部门。

因为自由贸易所导致的工资方面更大的稳定性,甚至在那些工资并没有得到很大提升的产业也可以看到。但是,除了工人的日工资数额以外,我们还必须考虑到其一年内工作的天数和每天工作的小时数。现在他可以在更多的天数里找到工作(在1846年前,工匠们每周经常只工作一天或者两天),但是,每个工作日工作的时间更少。这样他的报酬就会更稳定,也更容易获得。因此,甚至在工人的日工资几乎不变的地方,因为就业更加稳定,面包的价格也更便宜和固定,所以他总的生活境况也会改善。

除了自由贸易以外,还有什么力量导致了这种改善的发生?通过对工作时间施加限制,特别是对工人的卫生环境加以改善,工厂立法提高了妇女和儿童的工作状况。工厂法试图规范厂房内的整个生活。工会对防止社会和产业领域内的混乱状况也做出了许多贡献,而且它教育工人们,应该通过组织和自助,自立自强。在这方面,英国的工人和大陆的工人之间存在着差异。前者,因为他不受自愿结社的影响,并不依靠国家或者革命的手段来改善自己的处境。关于这方面的证据,我们只需将最近一次工会联合会开会时议会式的议事程序,与日内瓦国际的议事程序做一比较,就足够了。英国的工会,诉诸的是宪法内的运动,对国家并不构成危害。就像我所说的,他们的行动的确防止了产业领域的暴力混乱。而且除了这些,工会还在劳工的事业上取得了一些积极性的成功。通过他们积累的基金,工人们能够为他们的劳动坚持更好的价格,而且工会还起到了互助会的作用,通过这种方法,会员可以储备资金,为疾病或年老时做准备。一般来说,人们都喜欢强调罢工所产

第十四章 工人阶级的未来

生的不幸和浪费,但不太记得的是,最大的工会常常是最少批准进行罢工的。机械工人联合会有 46 000 名会员,在加拿大和印度也有分会,从 1867 年到 1877 年间,只将他们收入的 6% 花费在了罢工上,像这样的大工会,其领导人都是些练达博识之士,知道避免罢工符合工人自己的利益。①

最后,我们一定不能忘了说一说伟大的合作社,它们现代的形态可以追溯到建立于 1844 年罗奇代尔的先驱者们的商店,他们的灵感来自于罗伯特·欧文的教导,虽然他的计划中的一些细节,已经被放弃。这些合作社,像工会一样,教给了工人们自愿结社和自助的力量和美德。但是,现在它们只是些出售零售商品的大商店而已,通过它们,工人排斥了零售商,并在每个季末,根据每个成员的购买额得到红利,从而分享营业利润。这些商店,不管在降低商品价格方面和鼓励节俭方面多么有用,并没有体现出这种合作的终极目的。它的目的是使工人成为他自己的雇主。迄今为止,该运动在建立生产性的团体方面并不成功。有两大困难阻碍其成功,其一是工人们成立的委员会明显缺乏管理业务的能力,另外,他们不愿意为监督业务运行支付足够的高薪。这样看来,主要的障碍是道德性的,可以在工人们的品格中发现这一点,还有就是他们在教育上的欠缺。但是,随着他们品格和教育的提高,没有理由怀疑这些困难不会消失。

这些就是我们所发现的最近 40 年来促使工人地位提高的主要动力。在这一时期的初始,穆勒坚持认为有一件事具有极端的

---

① 参见 Howell's *Conflict of Capital and Labour*。

重要性，那就是对人口增长的严格控制，他认为，没有这一点，所有的改善都是不可能的。但是，我们发现，在这一时期人口的增长率并未减慢。现在的增长率和1831年到1841年间的增长率几乎是一样的。最近十年的增长率比1841年以来的增长率都要高。另一方面，毫无疑问，向外移民的人口也很多，这减少了劳动力的供给。自1846年以来，150万人口已经从大不列颠移民海外。

现在引起我们深刻关注的问题就是，在将来，这些同样的原因还会起作用吗？自由贸易还会是有利的吗？我们的财富会继续增加、贸易会继续扩展吗？关于这一点，想要有一个肯定的预言当然是不可能的。在中立市场上，竞争变得越来越激烈，在一些市场上，我们可能会被赶出去，这样，国民财富的总量就会减少。但是，另一方面，我们有理由相信，从美国和澳大利亚增加的粮食供应将会给我们的商业一个巨大的刺激。在将来，就像在过去一样，对于工人来说，粮食仍然是最为重要的商品。而且如果粮食供应变得更加稳定，贸易也会变得更加稳定，工资也将有可能升高。此外，廉价的粮食还意味着全世界消费者购买力的增加，而这将进一步刺激商业的发展。所以，以此看来，工人的前景是充满了希望的。至于对外移民也是如此，它减轻了工人的就业压力，至少在未来的50年内，没有理由认为对此会有任何的限制。还有合作社，甚至是那些生产性的合作社，在未来都有希望取得很大的进步，虽然我并不认为在提高工人的生活状况方面，后者在一定时期内能够成为一个重要的因素。我前面提到合作生产中的道德障碍将会消失，但过程是缓慢的。不过，在某些方面，它有可能得到发展，我指的是那些为供应大型批发合作社而进行的生产，因为在这里市场

第十四章 工人阶级的未来

是有保证的。工会也有可能会扩大。

再看工人的道德状况。我们发现,他们在这方面的提高甚至比他们在物质上取得的进步还要大。当我们看到或者读到在大城镇的街道上发生的事情,我们认为他们的道德坏透了。但是那些非常熟悉工业区状况的人们认为,工人们所展示出来的道德进步是非常大的,例如在自我节制、良好的举止、个人的形象以及着装上。关于厂房内部生活的改善,我们可以看一看早在 1834 年,詹姆斯·穆勒的一位朋友,弗兰西斯·普雷斯在下院的一个委员会面前所做的证词。他告诉委员会,当他还是一个小男孩的时候,他常常在那些体面的车间里,听到那些体面的人唱那些他无法重复的歌曲。但是现在已经不再如此了,而且他也不知道为什么发生了这些变化。① 现在的工人也说了相似的话。他们说,有些时候的对话确实不好,但是现在舆论越来越反对这种不道德的谈话。工人们感兴趣的话题已经比以前多了许多,谈论报纸上的问题正在取代厂房里那种古老的污秽语言。在这里我们看到了选举权扩大的一种间接影响。关于酗酒的统计数字可以对此做进一步的补充。在 1855 年,将近有 20 000 人因酗酒而被定罪,在 1880 年,这一数字不超过 11 000 人。

工人和雇主之间的关系现在也变得好多了。欧文和科贝特所描述的过去学徒在作坊内的生活,或者寄宿工人在农民家里的生活,乍一看上去非常有吸引力。1806 年委员会被告知的事实似乎就是那种理想中的产业生活。在那时,雇主和工人之间的关系极

---

① Porter, pp. 683 – 685.

其密切，但是这种密切的关系也有坏的一面。这种关系中常常存在着很严重的暴行和缺陷。工人在雇主面前完全唯命是从：在诺福克，农场主过去常常鞭打他的工人，他的妻子则鞭打女工。① 在这里存在着一种封建式的依附关系，就像所有的封建制度一样，既有黑暗的一面，也有光明的一面。这种密切的关系很明显是小生产制度的产物，因此，最终它被动力织机和蒸汽机所粉碎。巨大的工厂一旦建立起来，雇主和雇工之间这种密切的关系就不复存在。工人憎恨他的雇主，雇主则视工人不过是工具而已。在 1800 年到 1840 年间，双方都承认，他们之间的关系已经糟糕得无以复加。雇主们说，在利益不同的阶级之间不可能有什么联合，而农场主们，一反过去习惯的做法，在农闲的时候，就无情地将他们的工人解雇掉。"金钱关系"已经形成，为了反对这种"金钱关系"，卡莱尔写了他的《过去与现在》一书。但是，卡莱尔错误地认为可以恢复过去的劳动状况，封建制度，虽然在一些乡村还有所残留，但事实上在农业和工商业中已经消失了。雇主不能提供、工人也不会接受过去的那种保护和依附关系了：因为，现在劳动力必须不断地从一地向另一地、从一种工作向另外一种工作流动，已经不再可能形成持久的关系了，而旧制度的本质就在于工人工作的永久性。工会在切断这种旧式纽带的残余上也起到了很大作用。现在，工人们为了自卫，不得不集体行动。在每一个作坊里，都存在着依附于雇主的工人，在罢工发生的时候，他们并不愿意出来，但是为了集体的利益，他们又不得不这样做。在这种义务被公共舆论承认之

---

① 参见 *Nineteenth Century*（May 1882）中 Dr. Jessop 的文章。

第十四章 工人阶级的未来

前,工会的作用无疑是恶化了雇主和工人之间的关系。在 1840 年到 1860 年间,尤其如此。

然而,自 1860 年以后,工会很明显地改善了两个阶级之间的关系。雇主们开始认识到了它们存在的必要性和有利之处,那就是他们可以通过工人阶级中最明智的成员来和整个工人阶级打交道。如果没有工会,由雇主和工人平等组成的调解委员会就无法执行他们的决议。就在此刻,在英国北部,拒绝仲裁的就是那些非工会人员。这种委员会之所以能够成功,是因为雇主们已经愿意放弃那种封建关系的观念。他们过去常常说,和他们的工人坐在同一个委员会里会贬低他们的身份。但是,值得注意的是,当工人取得了选举权,他的政治独立得到了认可后,这种反对意见就开始消失了。由此而出现的雇主和工人之间新的联合,是基于双方都是一个自由国家的独立公民。雇主们还在政治性的委员会里、学校的委员会里,以及类似的团体里和工人会面,两个阶级开始学着尊重对方。这种新的联合很有希望比过去的那种联合更加牢固。

问题依然存在,那就是,工人在政治上的独立能够和物质上的独立结合起来吗?在这种结合完成以前,他将会一直依附于他的雇主,雇主通过影响他的投票,事实上扼杀了他的政治力量,乔治先生断言,这种情况在新英格兰已经发生。[①] 在我国,关于此问题提出的许多方案中,有两个特别值得关注。第一个是由英国的实证主义者提出来的。孔德,虽然他对英国工会只有匆匆一瞥,但远

---

① *Progress and Poverty*, book x. c. iv. p.480.

比穆勒更加理解工会的意义。受到他的启发,弗里德里克·哈里森先生和他的朋友们拒绝了任何通过合作生产及其类似计划解决劳工问题的可能性。他们指望资本家的道德本质会逐渐发生变化。他们并不希望过去的那种封建保护制度重新回归,但是,他们希望未来的"产业领袖"对自己的地位会有不同的认识,将会承认工人的独立,同时愿意让工人在他们的共同成果中分享更多的份额。这种信念看起来很荒唐可笑,而且我们必须预料到,在相当长的一段时间里,资本家仍然会竭力争取尽可能高的利润。但是要注意,这种对财富的热情在某种意义上来说是新生的。它在本世纪初才迅速发展起来。在上世纪它并不那么强烈,那时的人们更满足于过一种宁静悠闲的生活。这种变化的确影响了人们之间的关系。但是在将来,对财富的争夺也许会变得不再那么激烈,一种完全相反的变化可能会发生。孔德主义者说人们的道德观念并不是固定的,他们是对的。在 20 或 30 年的时间里,公共舆论对奴隶制的态度发生了彻底的变化。但是,我不得不相信,在相当长的一段时间里,孔德主义者所期望的这种革命还不会发生。

对于塞德利·泰勒先生所精心描述的产业伙伴关系,我抱有更多的希望。① 这种关系同样意味着雇主在道德本质上要发生一定的变化,但是这种变化并不比其他制度变化所要求的更大。在大陆上超过一百家厂房采纳了这种办法,虽然布里格斯先生在英国的实验最终以失败告终。在将来,它有希望会更加成功,因为它

---

① *The Participation of Labour*(London,1881)和 *Profit-sharing between Capital and Labour*(Cambridge,1882).

第十四章　工人阶级的未来

提高了工人的积极性,减少了浪费,这也正好符合了雇主的利益。我认为在某些产业中这种方法会得到推广,但是并不会得到普遍的应用。

此外,还有共产主义者提出的一般解决方法。它有各种不同的形式。最简单的一种就是建立在财产共有基础上的个人的自愿联合,在这种联合中,每个人都根据一定的规则为共同体工作。在美国,有许多这种小规模联合的成功范例,[①]但是,我们认为,对于整个社会来说,这种解决方案是不可能成功的。这只是用经过挑选的材料进行试验,而我们的目标是改善大多数人口的生活。最近欧洲的共产主义理论家,其中最著名的是拉萨尔,发表了与此有些不同的观点。[②] 它的目标是由国家占有全部生产资料,由国家管理和指导全国的产业。但是,这样的一个方案,其实际困难显然是难以克服的。

但是,这种对共产主义式解决方案的反对,并不适用于经过了许多修正的社会主义。历史经验表明,社会主义在英国已经表现出了自身的存在,那就是国家干涉的扩大。它产生了工厂法,现在则取得了更深入的发展,开始直接干预工人与雇主间的产品分配。雇主责任法承认,工人即使已经加入工会,如果没有其他的援助,也无法获得全部的正义,显然,在正义的名义下,它将雇主的一部分财富转交给了工人。然而,管理性干涉的扩大,在若干方面虽可期待,但不太可能再有更多的重要性。另一方面,关于税收,社会

[①]　Nordhoff's *Communistic Societies*.

[②]　参见 M. de Laveleye 所著的 *Le Socialisme Contemporain* 中对于他的理论体系的说明。

主义者的理论有可能得到广泛的应用,在这一点上,我们将会看到巨大的变化。

税收的调整将能够使国家为人们提供许多他们无法为自己提供的东西。国家并不管理所有种类的生产,但会将那些具有极端重要性的产业掌握在它的手中,例如铁路,或者煤气和自来水供应。将来国家不应该尝试着解决像工人住宅这样的问题么?应该授权市政当局购买土地,建筑住宅,并以低于完全市场竞争价值的价格出租。我认为这样的一个计划是切实可行的,而且还不会伤害人们的自尊心。这将会解决一个迄今为止各种私人企业都无法解决的问题,因为,自1842年以来伦敦所有为此目的而成立的团体加起来,也只为60 000人解决了住房。而且,这提出了"为民众而花费的公共支出"这一大问题。近些年来变得流行的一种新的结社形式,就是一些个人结合起来为公众提供某些需求,例如咖啡馆,或者工匠们的住宅,或者廉价的音乐会。这些团体的建立,主要是出于慈善的目的,但是它们也为其投入的资本提供了一定的利润。市政当局难道不可以用相似的方法为穷人提供帮助吗?但是,在讨论这些计划时,我们必须记住,真正的问题不是如何去改善工人的生活条件——因为这一目标在某种程度上已经达到了——而是如何保证他得到完全的物质上的独立。

图书在版编目(CIP)数据

产业革命/(英)阿诺德·汤因比著;宋晓东译.—北京:商务印书馆,2019
(经济学名著译丛)
ISBN 978-7-100-17675-0

Ⅰ.①产… Ⅱ.①阿…②宋… Ⅲ.①产业革命 Ⅳ.①F419

中国版本图书馆CIP数据核字(2019)第148145号

权利保留,侵权必究。

经济学名著译丛
产 业 革 命
〔英〕阿诺德·汤因比 著
宋晓东 译

商 务 印 书 馆 出 版
(北京王府井大街36号 邮政编码100710)
商 务 印 书 馆 发 行
北京艺辉伊航图文有限公司印刷
ISBN 978-7-100-17675-0

2019年11月第1版　　　　开本 850×1168　1/32
2019年11月北京第1次印刷　印张 5⅛
定价:20.00元